BIBLIOTHÈQUE ÉLÉMENTAIRE

SOUS LA DIRECTION DE

M. L'ABBÉ THÉOD. PERRIN.

C.

HISTOIRE

D'ESPAGNE.

PARIS,

SOCIÉTÉ REPRODUCTIVE DES BONS LIVRES,
8, Rue Saint-Hyacinthe-St-Michel,

EN FRANCE ET A L'ÉTRANGER,

AUX BUREAUX DE LA SOCIÉTÉ.

1838.

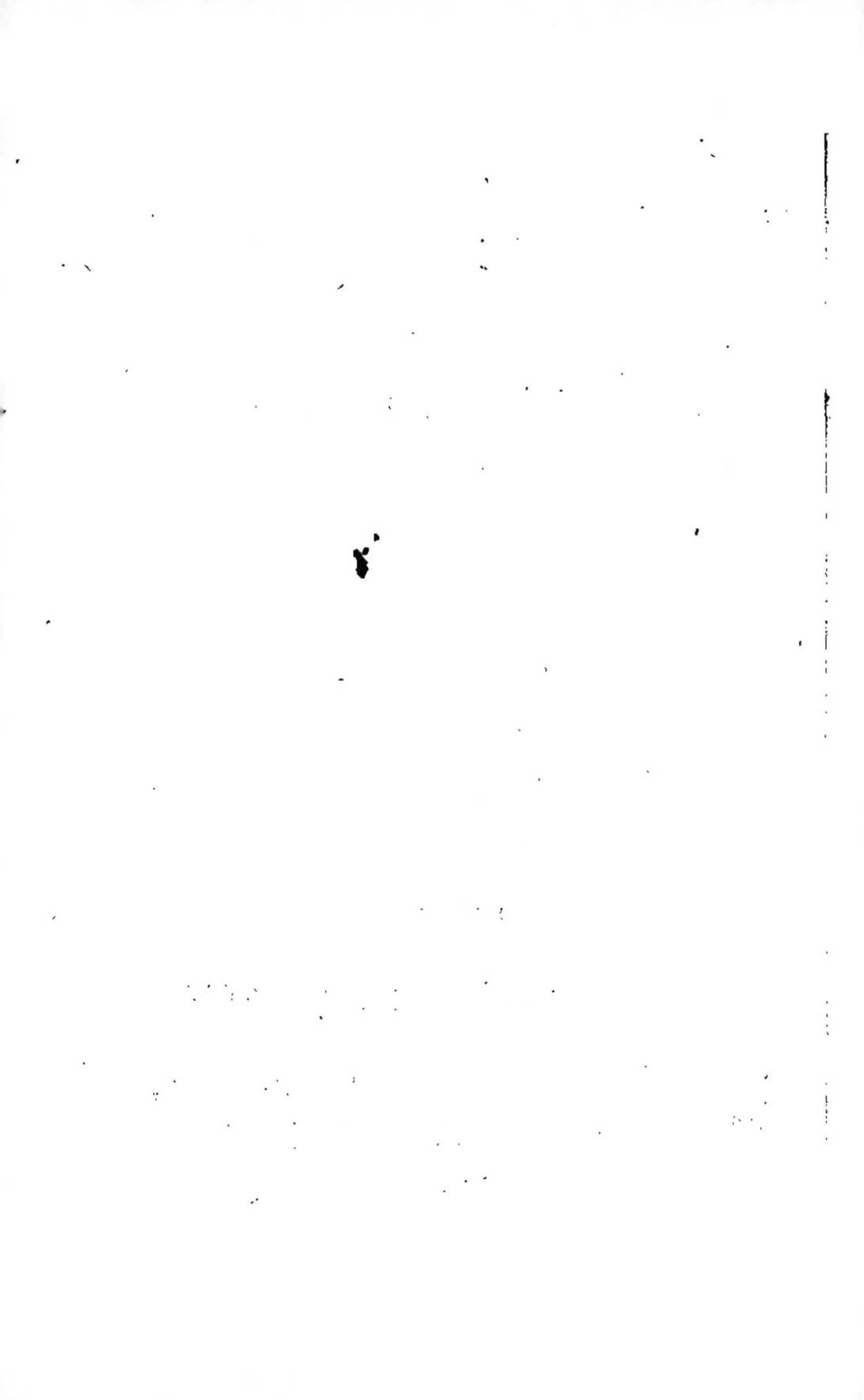

HISTOIRE

D'ESPAGNE.

—

Temps reculés.

L'Espagne occupe la partie la plus occidentale de l'Europe. Ses limites, posées par la nature, sont: au nord, les Pyrénées qui la séparent de la France; à l'est et au sud, la mer méditerranée; au sud-ouest, à l'ouest et au nord, l'océan atlantique. La longueur de ce pays, du cap de la Roca au cap creux, est de 264 lieues; sa plus grande largeur est de 186 lieues, et sa surface est évaluée à 27,715 lieues carrées.

Sa politique a fait deux royaumes de la contrée dont nous venons de donner la division naturelle : l'un comprend l'Espagne proprement dite, dont nous allons tracer l'histoire, et l'autre le Portugal. L'Espagne était connue des anciens sous les noms *d'Hespérie* et *d'Ibérie*. Les Grecs lui ont donné le nom *d'Hespérie*, parce qu'elle est située au couchant de l'Europe ; et celui *d'Ibérie* vient problablement du fleuve *Ibère* que de nos jours on appelle *Ebre*. Lorsque les Celtes ou Gaulois eurent fondé des établissements en Espagne, le pays occupé par eux fut appelé *Celtibérie*. Les Grecs établirent quelques comptoirs sur les côtes et répandirent en Espagne une foule de récits fabuleux qui sont arrivés jusqu'à nous par tradition, et que nous aurons occasion de rapporter dans la suite, en parlant du Portugal.

Les Phéniciens établirent plusieurs colonies sur les côtes d'Espagne, entre le détroit de Gibraltar et l'Ebre; peu à peu ils gagnèrent du terrain et vécurent en assez bonne intelligence avec les indigènes; ce qui est facile à comprendre si l'on

observe que les Phéniciens étaient
d'un naturel doux, paisible, et ne
s'occupaient que de s'enrichir par
le commerce, sans le moins du
monde inquiéter les autres peuples,
à main armée. Des bourgs et des
villes en grand nombre ont été fon-
dés par ces industrieux Phéniciens,
qui creusèrent aussi différents canaux
pour rendre les communications
plus faciles. Ils ne jouirent pas fort
long-temps de leurs travaux. Une
autre colonie de Phéniciens s'était
fixée sur le littoral africain, où elle
éleva la célèbre ville de Carthage
dont on retrouve encore les ruines
aux environs de Tunis; et ce furent

ces Phéniciens d'Afrique, que désormais nous appellerons Carthaginois, qui envahirent l'Espagne et soumirent à leur domination des hommes de même origine qu'eux et exerçant paisiblement leur industrie dans la péninsule. La passion du trafic était bien dans le caractère des Carthaginois; mais au lieu de chérir la paix et le repos comme les Phéniciens d'Espagne, ils ne songeaient qu'à étendre et à soutenir leurs établissements par la force des armes. Aussi cherchèrent-ils continuellement à écraser les nations qui les entouraient et leur inspiraient le moindre sentiment de jalousie. Après de

sanglantes batailles, ils se rendirent
d'abord maîtres de la côte fertile
qui s'étend de Cadix à Malaga; mais
la véritable conquête de l'Espagne
par les Carthaginois date de l'an de
Rome 516, époque à laquelle ces
conquérants voulurent dominer dans
le pays et tenter de s'en rendre maîtres à force ouverte.

Le chef des Carthaginois, nommé
Amilcar, profita du peu d'accord qui
existait entre les différents peuples
espagnols, poursuivit la guerre avec
beaucoup d'activité et fit en peu de
temps la conquête des provinces de
Séville, de Cordoue et de Malaga,
qui alors formaient la *Bétique*. Il

soumit ensuite les Bastitains et les
Contestains qui habitaient les provinces de Valence et de Murcie.

Mort d'Amilcar.

Amilcar, long-temps victorieux, fut
enfin battu auprès de la ville d'Hélice qu'il tenait assiégée. Les Celtibériens, après avoir gagné Orisson,
capitaine habile et brave, vinrent au
secours des habitants d'Hélice et usè-
rent d'une ruse de guerre qui leur
servit on ne peut mieux; la voici :
ils firent traîner devant leur armée
un grand nombre de chariots attelés
de bœufs; et, sur le front de ces ani-

maux, ils attachèrent des bo tes de paille enduites de poix; puis, ils mirent le feu à cette paille, et les bœufs, devenus furieux, se précipitèrent avec leurs chariots au milieu de l'armée des Carthaginois, qui furent mis en déroute complète. Amilcar, après s'être défendu avec le courage du désespoir, se noya dans l'Ebre. Ce fut son gendre Asdrubal que l'on choisit pour le remplacer.

Asdrubal.

Asdrubal commanda en Espagne pendant près de huit ans, mit tout à feu et à sang sur les terres d'Orisson, afin de venger cruellement la défaite d'Amilcar, et saccagea les villes alliées des Celtibériens. Les peuples de la Catalogne, épouvantés par les crimes du vainqueur, implorèrent le secours des Romains, qui conclurent avec les Carthaginois un traité par lequel il était convenu que les conquérants n'iraient pas au-delà de l'Ebre, et qu'ils ne violeraient ni la liberté ni le territoire des Sagontins et des autres colonies grecques. Comme les Carthaginois n'étaient pas alors de force à lutter contre la puissance de Rome, ils tinrent parole et se donnèrent garde de violer le traité.

Asdrubal fut assassiné par vengeance, après avoir fondé la ville de Carthagène.

Annibal.

Après la mort d'Asdrubal, les soldats carthaginois choisirent pour général le jeune Annibal, homme rude, énergique, audacieux et profond dans l'art de la guerre. Comme il haïssait mortellement les Romains, il n'eut d'autre désir que de mesurer ses forces contre les leurs. L'occasion d'agir ne tarda pas à se présenter. Une querelle s'étant élevée entre les habitants de Sagonte et leurs

voisins, Annibal prit fait et cause
pour ces derniers, et mit le siége
devant Sagonte, malgré les justes
observations que lui fit à ce sujet
une députation envoyée de Rome,
pour réclamer contre la violation
du traité. Les Sagontins assiégés se
défendirent avec opiniâtreté. Annibal blessé perdit un moment l'espoir
de réussir; et ce fut alors qu'il fit
construire une énorme tour en
bois devant la ville, dont elle sur-
passait les murailles en hauteur;
de là il lança parmi les assiégés
une pluie de javelots et d'autres
projectiles. En même temps il fit
ébranler les murailles à coups de

balistes et de béliers, et les assiégeants pénétrèrent dans la ville par
plusieurs brèches. Le siége de Sagonte durait depuis neuf mois; ses
malheureux habitants, quoique affai-
blis par la fatigue et par toutes sortes
de privations, ne perdirent point courage et se retranchèrent derrière des
barricades faites avec leurs meubles
et les débris de leurs maisons. Là,
ils combattirent sans relâche jusqu'à ce qu'épuisés et désespérant de
recevoir des secours, ils fussent con-
traints de choisir entre les chaînes du
vainqueur et une mort glorieuse.
Les braves et infortunés Sagontins
préférèrent le dernier parti. Après

avoir apporté sur la place publique
tout ce qu'ils possédaient d'objets
précieux, ils tentèrent une sortie
pendant la nuit, se firent tous ha-
cher; et, le lendemain, leurs mal-
heureuses femmes mirent le feu aux
objets qu'ils avaient amoncelés sur
la place, et s'y précipitèrent toutes
jusqu'à la dernière, après avoir tué
leurs petits enfants. Telle fut l'épouvantable ruine de Sagonte, que les
Romains eurent la lâcheté de ne
point soutenir.

Domination des Romains.

(209 ans avant Jésus-Christ.)

La prise de Sagonte amena la domination romaine sur l'Espagne. Les premiers généraux envoyés de Rome pour chasser les Carthaginois ne furent pas heureux. Publius Scipion fut tué, et Néron fut rappelé comme incapable. On s'occupa donc de faire choix d'un nouveau chef; un seul se présenta, ce fut Cornelius Scipion, âgé de vingt-quatre ans et plein du désir de venger sa famille. Ce jeune homme était brave et humain, et le trait que nous al-

lons rapporter suffira pour faire connaître la générosité de son caractère.
Après la prise de Carthagène, qui
était alors la ville la plus riche de
l'Espagne, quelques soldats livrèrent
entre les mains de leur général
une jeune femme espagnole d'une
grande beauté et dont il pouvait
faire son esclave; mais Scipion ayant
appris que cette femme était fiancée
à l'un des principaux chefs des Celtibériens, nommé Allucius, il se
hâta de la lui rendre :

« Je vous ai remis votre épouse,
» dit-il à Allucius, et j'ai jugé que
» c'était un présent digne de vous
» et de moi. Elle a été au milieu

» de nous comme elle aurait été
» dans la maison de son père. En
» retour de ce don, je vous de-
» mande votre amitié pour le peuple
» romain. Si vous me jugez homme
» de bien, tel que mon père et mon
» oncle ont paru aux peuples de
» votre pays, je veux que vous soyez
» persuadé qu'il y en a beaucoup
» dans Rome qui nous ressemblent,
» et qu'il n'y a point de peuple
» dans l'univers que vous deviez
» plus craindre d'avoir pour ennemi
» ni souhaiter davantage d'avoir
» pour ami. »

Cela se passait 209 ans avant Jésus-Christ. Les Romains ne tardè-

rent pas à chasser les Carthaginois
d'Espagne; ils divisèrent le pays en
deux provinces : l'Espagne citérieure
et l'Espagne ultérieure. Sous le règne d'Auguste, cette dernière province fut divisée en Lusitanie et en
Bétique, et la première fut appelée
Tarragonaise. L'Espagne citérieure
comprenait la partie septentrionale
de l'Espagne, et l'Espagne ultérieure se composait du Portugal et
de l'Andalousie.

Le cadre étroit dans lequel nous
sommes tenus de nous renfermer, ne
nous permet pas de retracer l'histoire complète de la domination romaine, qui se maintint jusqu'en

l'année 409 de l'ère chrétienne.
Jusqu'à cette époque, un grand nombre de consuls romains se succédè-
rent en Espagne; bien des batailles
sanglantes furent livrées; bon nombre d'atrocités furent commises envers les hommes du pays qui ne se
soumettaient pas volontiers au joug
du vainqueur; mais le fait le plus
remarquable qui se soit passé en ce
temps-là, c'est le triomphe de la
religion du Christ sur les mœurs
païennes, sur l'idolatrie.

Invasion des Vandales, des Suèves et des Alains.

(Année 409.)

Rome avait considérablement perdu de sa puissance et de sa grandeur, et sa chute arriva presque en même temps que l'invasion des Vandales, des Suèves et des Alains en Espagne. Ces barbares, sortis des forêts et des montagnes de la Germanie (Allemagne), mirent tout à feu et à sang dans la péninsule ibérique, répandirent partout la frayeur et la désolation, saccagèrent les villes, brûlèrent les villages et pillèrent les campagnes. La famine et la peste accablèrent en même temps les malheureux Espagnols; les loups désolèrent le pays, et une multitude de corbeaux s'abattirent sur les cadavres dont les champs étaient couverts. La misère était si grande dans certains endroits, que les hommes se dévoraient entr'eux; et l'on rapporte qu'une mère impitoyable massacra ses pauvres petits enfants pour en manger la chair. Le peuple indigné de tant de barbarie la lapida.

Les Vandales s'emparèrent de la partie méridionale de l'Espagne qui prit le nom de *Vandalousie*, puis *d'Andalousie;* mais ils n'y séjournèrent pas long-temps et allèrent s'établir sur les côtes d'Afrique. Les Suèves et les Alains occupèrent la partie la plus occidentale de l'Espagne et établirent leur domination dans la Lusitanie (Portugal) et la Galice, lors de la décadence de l'empire.

Invasion des Visigoths.

(Année 412.)

En l'année 412, c'est-à-dire deux ans après l'invasion des Vandales, des Suèves et des Alains, les Visigoths, sortis des contrées qui s'étendent entre le Danube et les monts Krapacks, se ruèrent sur l'Espagne après avoir ravagé la Narbonnaise. Treize années plus tard (425), ils franchirent de nouveau les Pyrénées et quittèrent l'Espagne, pour y rentrer en 456, ayant à leur tête l roi Théodoric II. Ces Visigoths étaien moins barbares que les Suèves et le Alains, et la plupart étaient chré tiens. A l'époque de l'invasion de Goihs, les Romains n'étaient pa entièrement chassés de l'Espagne mais ceux qui restaient étaient s peu redoutables, que les conquérant barbares ne songeaient point à le combattre et se bornaient à exige d'eux une alliance, qu'ils né pou

vaient guères refuser. Les Visigoths
exterminèrent les Alains et soumirent les Suèves à main armée. Leur
domina ion se trouva de la sorte assez solidement établie en Espagne, et
ce ne fut qu'au bout d'environ trois
cents ans qu'ils furent dépossédés de
cette contrée par les Arabes et les
Maures.

Défaite des Sarrasins en 680.

Vers la fin du règne de Wamba,
les Sarrasins sortirent d'Afrique et
s'approchèrent des côtes de l'Espagne
avec une quantité innombrable de
barques. Wamba marcha à leur ren-

contre avec une flotte considérable, leur enleva deux cent soixante-dix barques auxquelles il mit le feu, et l'Espagne se trouva ainsi délivrée de ses dangereux ennemis, qu'auparavant elle ne connaissait encore que de nom. On assure qu'un certain Erwich, admis dans l'intimité de Wamba, avait, par dessous main, poussé les Sarrasins à attaquer l'Espagne, parce qu'il espérait obtenir le commandement d'une armée, acquérir de la gloire contre ces ennemis, et pouvoir ensuite s'emparer du trône de Wamba. Erwich désespéré de n'avoir pu réussir par ce moyen, n'en trouva pas de meil-

leur que de faire boire à Wamba
un breuvage empoisonné. Celui-ci
tomba presque aussitôt en léthargie;
et comme on le croyait prêt à rendre l'âme, Erwich, son empoison-
neur, s'empressa de lui faire couper
les cheveux, et de le couvrir d'un
habit de pénitent. C'était l'usage en
ce temps-là. Lorsque Wamba revint à lui, il fut étrangement surpris de se voir dans un pareil état,
sans cheveux et en habit de moine;
il ne voulut plus régner et céda la
couronne à Erwich, qui ne se fit
pas prier pour l'accepter. Après cette
singulière aventure, Wamba se retira dans un monastère près de

Burgos, où il vécut encore sept
années et quelques mois.

L'Espagne sous la domination
des Arabes et des Maures.

Les Visigoths ne restèrent maîtres
de l'Espagne que trente années environ après la mort d'Erwich, et
Roderich fut leur dernier roi. Ce
prince n'était ni bon ni miséricor-
dieux, et il avait eu le malheur de
se faire haïr de la nation espagnole.
En outre, les fils du feu roi Witiza
l'accusaient d'avoir usurpé le trône
de leur père; et le comte Julien,
gouverneur de Centa, qui avait été

outragé, on ne sait trop comment, brûlait aussi de se venger sur la personne du roi d'Espagne. La Péninsule était, comme on le voit, le théâtre d'intrigues et de complots; la division était partout, l'on ne s'accordait nulle part. Un pareil état de choses ne pouvait subsister long-temps, et c'est ce qui en effet arriva.

Il n'y avait pas encore un siècle qu'un homme dont toute la richesse consistait en cinq chameaux, quelques hardes et une esclave, s'était mis en tête d'imposer une religion à son pays; cet homme était Mahomet. Entreprenant et hardi,

il prêcha sans relâche en Arabie,
organisa une petite armée qu'il pla-
ça sous la direction de gens intré-
pides, lesquels convertirent les in-
crédules à coups de sabre et fini-
rent par soumettre à leur religion
la plupart des peuplades de l'Afrique. L'esprit de conquête s'empara
de ces Mahométans, et la vie des
combats devint pour eux un besoin. C'est à ces bandes fanatiques
que les fils de Witiza et le comte
Julien vinrent demander les moyens
d'assouvir leur vengeance sur le roi
Roderich. Ils n'eurent pas honte,
eux, Chrétiens, de vendre leur patrie à des Musulmans. Pour flatter

l'ambition de ces Maures, de ces Sarrazins, ils eurent soin de vanter outre mesure les richesses de l'Espagne, les avantages de sa position, les délices dont la nature était prodigue, et son beau ciel. Le chef Mousa à qui fut ainsi faite la proposition d'envahir l'Espagne, demanda la permission d'agir au Calife de Damas, qui la lui accorda sans difficulté; puis il envoya dans la péninsule le Berber Tharif, qui partit de Tanger au mois de juillet 710, avec cent arabes et quatre cents africains. Tharif était chargé par Mousa de reconnaître le pays et de s'assurer de l'exactitude des rensei-

gnements et des avis que lui avait
donnés le perfide Julien. Les soldats
de Tharif ne rencontrèrent point
d'obstacles ; ils parcoururent libre-
ment les côtes de l'Andalousie et
revinrent à Tanger peu de temps
après. Tharif rendit alors compte
à Mousa de ce qu'il avait vu et
appris en Espagne, et l'expédition
fut décidée.

Mousa était en même temps in-
trépide et prudent; il voulut bien
connaître ses propres forces et celles
des Visigoths avant de se présenter
sur le littoral de la péninsule hispanique. Quand vint le printemps
suivant (711), il organisa son armée

et mit à la tête Thâreq-Ben-Zeyad. Les Sarrasins débarquèrent dans la petite île d'Algésiras, qu'ils appelèrent dans leur langue *l'Ile Verdoyante*, et se fortifièrent sur la montagne de Gibraltar. Theudemir commandant les Chrétiens et effrayé de la résistance des Sarrasins, écrivit au roi Roderich la lettre suivante: « Seigneur, il est arrivé ici des » ennemis du côté de l'Afrique, » venant je ne sais si c'est du ciel » ou de la terre, tant ils m'ont » attaqué à l'improviste : j'ai résisté » de toutes mes forces pour empê- » cher leur entrée; mais j'ai été » obligé de céder à leur nombre et

» à leur impétuosité. Maintenant
» ils campent malgré moi sur no
» terres : je vous prie, seigneur, e
» c'est le meilleur parti que vou
» puissiez prendre, de venir nou
» secourir avec la plus grande cé
» lérité, et avec tout ce que vou
» pourrez ramasser de troupes. Ve
» nez vous-même, seigneur, en per
» sonne, ce sera le mieux. »

Bataille de Xérès.

Cette triste nouvelle épouvanta
le roi Roderich, qui réunit-sur-le
champ les Visigoths et les enfants dé-
générés de l'ancienne Rome. Ensuite,

il se mit en route avec une armée de cent mille hommes pour combattre les Musulmans. La rencontre eut lieu sur les bords du Guadalète et sur la place même où l'on voit aujourd'hui la ville de Xérès, si célèbre par ses bons vins. Le nombre des Arabes commandés par Thâreq, ne s'élevait pas à plus de vingt-cinq mille hommes, mais ils étaient remplis de bravoure et habitués aux fatigues de la guerre, tandis que les troupes espagnoles étaient, pour la plupart, étrangères à ce métier et n'avaient pas de bonne cavalerie. La bataille commença au point du jour et dans le mois de juillet de l'année

711. La première journée ne laissa point voir de quel côté pencherait la victoire; pendant la seconde journée, les soldats de Thâreq reculèrent un moment, mais il ne tardèrent pas à reprendre courage, et le troisième jour, le champ de bataille de Xérès fut enlevé. L'armée chrétienne fut mise en complète déroute; le roi Roderich tomba dans la mêlée, et l'or ne put retrouver son cadavre. D'autres prétendent qu'il prit la fuite de toute la vitesse de son cheval et se renferma dans un monastère pour le reste de ses jours. Les cadavres des Chrétiens étaient si nombreux sur le champ

de bataille, qu'il aurait été impossible de les compter. Cette victoire
de Thâreq causa la ruine de la puissance des Visigoths. Roderich fut
leur dernier roi; ils en comptaient
vingt-cinq.

Suite de la conquête des Arabes.

Lorsque Mousa eut appris les bons
ésultats obtenus par l'armée con-
uérante, il devint jaloux de son
ieutenant Thâreq, et lui ordonna
e l'attendre avant d'aller plus loin.
ousa arriva en Espagne avec quel-
ues mille hommes et continua la
onquête en même temps que Thâ-

req. Ils s'emparèrent successivement de Tolède, capitale des Goths,
de Séville, de Saragosse, d'Osca,
d'Alaguris, de Barcelone et d'un grand
nombre d'autres villes. Le fils de
Mousa, que l'on appelait Abdelaziz,
fut chargé de gouverner les provinces conquises sur les Visigoths,
et Séville devint la capitale du nouveau royaume. Abdelaziz traita les
Chrétiens avec beaucoup d'huma-
nité.

L'armée ennemie qui venait de
s'emparer ainsi d'une grande partie
de l'Espagne, était composée d'Arabes, de Syriens, d'Egyptiens, de
Maures et de Berbers. Ces hommes

ne s'accordèrent pas long-temps; ils se disputèrent entr'eux, et les Chrétiens qui s'étaient sauvés dans les montagnes des Asturies gagnèrent beaucoup à ces querelles de leurs ennemis, car on ne songea pas même à les tourmenter.

Mort d'Abdelaziz. (715.)

On accusa Abdelaziz d'être trop bon envers les Chrétiens, et en l'année 715 le Calife de Damas envoya aux cinq principaux officiers de l'armée d'Espagne l'ordre de le faire mourir. Ils obéirent aussitôt et se rendirent armés de lances dans la mosquée d'Abdelaziz, où ils le frappèrent tous à la fois. Ensuite, on lui coupa la tête et on enterra son corps dans la cour d'une petite maison de campagne qu'il habitait avec Egilone, femme d'une grande beauté et veuve du dernier roi des Visigohts. La tête d'Abdelaziz fut enfermée dans un coffre rempli de camphre et envoyée au Calife de Damas. Mousa arriva au palais au moment où le Calife examinait la tête de son malheureux fils; et comme celui-ci lui demandait s'il la reconnaissait : « Oui, je la reconnais, s'écria Mousa; et que la malédiction de Dieu soit sur l'assassin de cet homme qui valait mieux que lui. » Le père infortuné fut tellement affligé de ce spectacle, qu'il mourut de chagrin peu de temps après.

Abdelaziz une fois mort, l'Espagne fut gouvernée par des *Walis*, que l'on nomme aussi émirs et vice-rois. Ces Walis quittèrent Séville pour habiter Cordoue. Ce fut aussi dans cette ville que se retira plus tard le dernier des Ommyades, Abd-el-Rahman, après le massacre de sa famille en Orient; de sorte que les vice-rois d'Espagne ne dépendirent plus du Califat de Bagdad, et eurent leur Calife dans leur ville même.

Bataille de Poitiers. (732.)

Les Sarrasins tenaient beaucoup aux biens de ce monde. Les Espagnols, étant proches voisins de l'Afrique, s'empressèrent de s'emparer de ce pays. Puis, une fois maîtres de l'Espagne, ils franchirent les Pyrénées et se répandirent dans la Gaule méridionale (midi de la France). Leur première invasion ne fut pas heureuse ; ils furent battus par Eudes, duc d'Aquitaine. Nos Sarrasins ne perdirent pas courage, et ils revinrent à la charge en l'année 732. Mais ils ne réussirent pas

mieux que la première fois; Charles-
Martel les défit auprès de la ville
de Poitiers, et les contraignit à re-
brousser chemin jusqu'aux Pyrénées.

Mouvement des Chrétiens
en Espagne. (8me siècle.)

Tandis que les Musulmans, maîtres
de l'Espagne, étaient toujours en
querelle entr'eux et que chaque chef
ambitieux travaillait pour le propre
compte de sa tribu, les Chrétiens
qui s'étaient réfugiés dans les Asturies, dans les provinces Basques
et dans les montagnes de la Galice,

de la Navarre et de l'Aragon, pro-
fitaient habilement des discordes de
leurs ennemis, et songeaient à re-
gagner leur indépendance. Ce fut
dans ces contrées que prirent naissance les royaumes entre lesquels
on partagea plus tard l'Espagne. Au
milieu de leurs rochers, les vieux
Espagnols étaient restés fidèles à la
religion du Christ; ils avaient conservé leurs mœurs et leurs usages.
Un homme plein de courage avait
mérité leur affection, et ils le prirent
pour chef. Cet homme se nom-
mait Pélage. Las de vivre dans les
montagnes, les Chrétiens descen-
dirent dans la plaine, prirent quel-

ques villages et du butin, puis se retirèrent dans la caverne de Covadunga, qui pouvait contenir deux cents hommes. Ainsi cachés dans cette caverne, Pélage et ses compagnons attendirent la troupe de Musulmans conduite par Alkhamah. Arrivés près de la caverne, les Arabes font pleuvoir une grêle de flèches qui se brisent contre les rochers sans frapper les Chrétiens. Ceux-ci, de leur côté détachent les rocs, déracinent les arbres et les font rouler sur les oppresseurs de leur patrie. Les Musulmans épouvantés prennent la fuite; mais une tempête affreuse survient, les torrens se grossissent, la terre éboule, et pas un seul Musulman n'échappe.

Ce massacre eut lieu vers le milieu du huitième siècle, et valut à Pélage une grande réputation. Tous les Chrétiens dispersés dans les provinces de l'Espagne et un grand nombre de mécontens vinrent se joindre à lui dans les montagnes des Asturies. Tel fut le noyau de ces patriotes espagnols qui devaient un jour chasser les étrangers de la Péninsule. L'on doit considérer Pélage comme le fondateur de la monarchie catholique en Espagne.

Coup-d'œil sur l'état général de la Péninsule vers le milieu du huitième siècle.

Le huitième siècle est l'époque la plus embrouillée de l'histoire d'Espagne, et ce n'est que par un exposé clair et concis des faits généraux que nous parviendrons à la faire bien comprendre à nos lecteurs.

Nous avons vu Pélage retranché dans sa caverne et entouré de Chrétiens, battre les Musulmans; nous avons dit que Pélage fut le fondateur de la monarchie catholique en Espagne; que tous les mécontens

vinrent le trouver et grossir son armée. Eh bien! les Maures et les
Arabes ne firent pas attention à cette
première révolte ; ils laissèrent les
Chrétiens gagner du terrain petit à
petit, et au bout de quelques années
Alphonse le catholique, gendre de
Pélage, continua ce que son beau-
père avait commencé et jeta les fon-
demens d'un petit royaume chré-
tien, connu depuis sous le nom de
royaume d'Oviédo ou de Léon.

Pendant que les Espagnols, fidèles
à la religion de Jésus-Christ, travail-
laient continuellement à se rendre
libres dans les montagnes des Asturies, un homme les favorisait on ne

peut mieux, en jetant la division
parmi les Musulmans. Cet homme
se nommait Abd-el-Rahman. Sa famille (les Ommyades) avait été massacrée en Arabie par celle des Abassides, et lui seul avait eu le bonheur
d'échapper et de se faire un grand
nombre d'amis. Comme il s'était
réfugié d'abord en Syrie, puis en
Afrique, le souverain Calife d'O-
rient envoya à sa poursuite des espions chargés de le mettre à mort
s'ils parvenaient à le découvrir. Ces
espions s'introduisirent un jour dans
une maison où ils songeaient le ren-
contrer. — « Nous sommes à la recherche d'Abd-el-Rahman, dirent-

ils au maître de la maison. » — « Ce matin il est parti pour la chasse avec quelques jeunes gens, répondit celui-ci, et en même temps il leur dit qu'ils pourraient, le soir à une heure indiquée, le rejoindre dans une vallée voisine. » Les persécuteurs d'Abd-el-Rahman crurent cet individu sur parole et s'éloignèrent de la maison, où se tenait caché le dernier des Ommyades. Celui-ci, qui avait parfaitement bien entendu les envoyés du Calife, ne perdit pas de temps et prit la fuite. Arrivé en Espagne, il rencontra beaucoup d'Arabes prêts à le défendre, mais aussi beaucoup d'ennemis prêts à le com-

battre, et de ce nombre était un
fameux capitaine nommé Jousouff
(Joseph) Les Musulmans se bat-
tirent entr'eux; Abd-el-Rahman eut
l'avantage, mais cela n'empêcha pas
qu'il se formât une dixaine d'états
différens, continuellement en guerre
les uns contre les autres; et en ré-
sumant nous voyons que les Maures
perdent leur puissance en se divi-
sant, tandis que les Chrétiens se for-
tifient du côté du nord.

De ce qui se passa en Espagne

après la chute des Ommyades. (1030.)

Nous venons de voir que la famille des Ommyades qui régnait en Orient, avait été massacrée par une autre famille très-puissante, que l'on nommait les Abassides. Nous venons de voir aussi que Abd—el—Rahman s'était seul échappé du massacre et avait obtenu, à force de courage, le Califat de Cordoue en Espagne. La nouvelle domination de ces Ommyades dura jusqu'en l'année 1030, c'est-à-dire près de trois cents ans. Le dernier Calife de cette famille, lequel s'appelait Hescham, fut renversé à la suite d'une révolte qui éclata dans la ville de Cordoue. L'Espagne ne fut jamais plus divisée qu'après cet évènement. Une foule de petits princes et de petits seigneurs se déclarèrent souverains, chacun de leur côté ; et cette division que nous avons déjà observée tant de fois parmi les Arabes et les Maures, acheva de les perdre.

La puissance des Chrétiens augmente.

A mesure que les Musulmans s'affaiblissent par leur propre faute, les Princes Chrétiens gagnent de la force et agrandissent leurs domaines : vers l'année 831, Aznar, comte de la Marche-de-Navarre, avait secoué le joug de Louis-le-Débonnaire, successeur de Charlemagne. En 857, Garcin Ximénès, descendant d'Aznar, s'était fait nommer roi à Pampelune; et en l'an 1000, le royaume de Navarre, réuni aux comtés d'Aragon et de Castille, atteignait son plus haut degré de puissance sous le roi Sanche-le-Grand.

Outre les royaumes de Léon et de Navarre, il existait en Espagne au commencement du onzième siècle, le comté de Castille, érigé en 96 par Ferdinand Gonzalès, et le comt de Barcelonne, qui reconnaissait la Suzeraineté des rois de France. Or, Sanche–le–Grand s'empara de ces différentes souverainetés, à l'exception du comté de Barcelonne; et dans ce moment on peut assurer que les Chrétiens auraient pu livrer avantageusement bataille aux Maures de la Péninsule; mais il n'en fut pas ainsi, et le vieux roi Sanche commit une faute dont les Musulmans ne surent point profiter. Il partagea son royaume entre ses fils. Ferdinand eut le comté de Castille, qui fut érigé en royaume à cause de son mariage avec la sœur du roi de Léon. Ramire 1er obtint le petit royaume d'Aragon, auquel il réunit Soprarbe et Ribargoce. Garcie IV enfin succéda à la couronne de Navarre, en qualité de fils aîné de Sanche III.

Les couronnes de Navarre, d'Aragon et de Castille furent réunies en 1109 par le mariage d'Alphonse le *Batailleur* avec l'héritière d'Alphonse VI; mais toutes trois tombèrent ensuite en quenouille et firent passer par les femmes la Castille à la maison de Bourgogne, l'Aragon à celle de Barcelonne, la Navarre aux comtes de Champagne et aux rois de France.

Pour donner une idée juste de l'histoire de l'Espagne chrétienne,

nous allons passer en revue chaque
royaume en particulier, en com-
mençant par la Navarre.

Navarre.

Le royaume de Navarre resserré
dans ses limites ne pouvait ni s'a-
grandir aux dépens des Musulmans,
qui n'étaient pas dans son voisinage,
ni aux dépens des ducs d'Aquitaine
et des comtes de Toulouse, qui se
trouvaient au-delà des Pyrénées et
avaient une puissance redoutable.
Ce royaume ne pouvait que perdre
de son étendue, et nous voyons en
effet qu'après avoir été réuni cin-

juante-huit ans à l'Aragon, il perd les provinces de Biscaye, d'Alava et de Guipuzcoa pendant le règne de Sanche VII, surnommé *l'Enfermé* ou le *Fort*, dernier roi de la race d'Aznar, lequel mourut en 1234 sans laisser d'enfants. De ce moment, la couronne de Navarre ne sera plus portée que par des étrangers. Après Sanche VII., c'est Thibaut VI qui est nommé roi. Il était fils de Thibaut V, comte de Champagne, et de Blanche, sœur de Sanche VII. Une petite-fille de Thibaut VI, unique héritière du royaume de Navarre, épousera Philippe-le-Bel, roi de France, et lui apportera ses états en

dot. La Navarre se trouvera en quelque sorte unie à la France sous
Philippe-le-Bel, Louis-le-Hutin,
Philippe-le-Long et Charles-le-Bel.
Une fille de ce dernier roi, nommée
Jeanne de France, épousera Philippe III, comte d'Evreux, et lui
apportera en dot le royaume de Navarre, qu'un descendant de ce même
Philippe transmettra, en 1425, à sa
fille Blanche, laquelle se mariera en
secondes noces à Jean, roi d'Aragon. Les royaumes de Navarre et
d'Aragon se trouveront de la sorte
réunis pendant quelque temps; puis
Eléonore, fille de Blanche, apportera la couronne de Navarre à son

époux Haston de Foix, et ensuite
elle retombera dans la maison d'Al-
bret, d'où est sorti l'illustre ro
Henri IV.

Aragon.

Le royaume de Navarre nous of
fre peu d'intérêt, car ses destinée
ont presque toujours été étrangère
à celles de l'Espagne; mais il n'e
est pas de même du royaume d'Ara
gon, dont les souverains ont fait un
rude guerre aux Musulmans d'E
pagne et ont fini par les chasse
entièrement de la Péninsule. San
che Ier avait joint la Navarre à s

états en 1076; blessé d'un coup de flèche au siége d'Huesca (1094) contre les Arabes, il mourut après avoir fait promettre à son fils de ne pas abandonner le siége. Ce fils se nommait Pierre. Aidé de Centulle, comte de Bigorre, et de quelques seigneurs gascons, il enleva aux Musulmans, en 1095, la ville d'Ejea. A la mort de Pierre, arrivée en 1104, son fils Alphonse le *Batailleur* s'empara de la couronne d'Aragon, à laquelle il réunit celle de Navarre. Il épousa, quatre ans après, Urraque de Castille qui lui apporta les couronnes de Castille et de Léon. Cette union qui aurait pu faire beaucoup de bien à la monarchie de l'Espagne catholique, fut au contraire la cause de beaucoup de malheurs. Alphonse et sa femme vécurent en mauvaise intelligence; il leur fut impossible de s'accorder un instant. Que fit alors le roi? Il enferma sa femme au château de Castellar. Urraque réussit à s'échapper. Les seigneurs des royaumes d'Aragon et de Castille reconcilièrent un moment les deux époux, qui ne tardèrent pas à se quereller de nouveau et à divorcer.

La couronne de Castille étant retournée à sa femme, le *Batailleur* voulut s'emparer de la province

de Saragosse, que gouvernait l'émir
Amad-Dollah, et il se mit en route
avec une armée considérable dans
laquelle se trouvaient beaucoup de
chevaliers français, qui avaient fait
vœu de combattre les infidèles. L'é-
mir appela à son secours une tribu
de fanatiques qui reconnaissaient
pour Calife le fondateur de l'empire de Maroc, et que l'on nommait
les *Almoravides*. Alphonse le *Ba-*
tailleur ne put s'emparer de Saragosse, et il fut obligé de reculer
vers ses frontières. Les Almoravides,
pour prix de leur secours, traitèrent
l'émir de Saragosse en maîtres, et
ce malheureux se vit obligé d'ap-

peler le *Batailleur* pour les chasser.
Alphonse se mit donc en route de
nouveau, et parvint à expulser
les Almoravides. Voyant l'occasion
bonne, il ne s'en tint pas là, et mit
le siége devant Saragosse. Le pauvre émir qui aurait eu mauvaise
grâce à implorer l'appui de ceux
qu'il venait de faire chasser, capi-
tula et remit la ville entre les mains
d'Alphonse le *Batailleur*.

Quinze ans plus tard, Alphonse se
fit battre à Fraga par les Maures, et
il se retira dans le monastère de
San-Juan-de-la-Pena, où il mourut
de tristesse en l'année 1134.

La couronne d'Aragon passa à

Ramire-le-Moine, frère d'Alphonse. Ce prince était moine dans un
couvent du diocèse de Narbonne;
une dispense du Pape lui permit
d'épouser Agnès d'Aquitaine, de
laquelle il eut une fille nommée
Pétronille, et peu de temps après,
il rentra dans son monastère. Pétronille épousa Raymond-Béranger
IV : c'est ainsi que l'Aragon passa
de la maison de Gascogne à celle
de Barcelonne.

Le nombre des rois fournis à
l'Aragon par la maison de Barcelonne s'élève au nombre de dix :
ce sont Alphonse II qui régna depuis 1162 jusqu'en 1196, Pierre II

qui fut tué à la bataille de Muret, le 17 septembre 1213, Jacques *le Conquérant*, qui mourut le 23 juillet 1276, Pierre III, qui mourut le 10 novembre 1285, Alphonse III, qui mourut en 1291, Jacques II, mort en 1327, Aphonse IV, mort en 1336, Pierre *le Cérémonieux*, mort en 1387, Jean, qui périt d'une chute de cheval en 1395, et Martin, mort le 31 mai 1410. Tous ces rois combattirent courageusement pour chasser les Maures d'Espagne ou pour agrandir leur royaume. Pierre II, beau, généreux et vaillant, est le premier des rois d'Aragon qui soit allé se faire couronner à Rome. Il se trouvait à la fameuse bataille de Navas Tolosa où furent massacrés des milliers de Musulmans. Jacques *le Conquérant* battit les Maures dans trente-trois batailles, et rendit au culte des Chrétiens plus de mille églises. Pierre III, marié à Constance, héritière de Mainfroy de Sicile, prit cette île par surprise en 1282, après les fameuses *Vépres siciliennes*, qui rappellent le massacre de plusieurs milliers de Français. Pierre *le Cérémonieux* était brave, instruit, mais ambitieux et cruel. Il fut, disent les historiens, le Tibère de l'Espagne.

Nous avons vu que Martin fut le

dernier de la maison de Barcelonne. Après lui, son neveu Ferdinand *le Juste*, de la maison de Castille, vint occuper le trône d'Aragon. Il était encore jeune, lorsque la mort l'enleva en 1416. Son fils, Alphonse *le Sage* et *le Magnanime*, lui succéda. Son règne commença par un jugement semblable à celui de Salomon : un riche Espagnol avait eu un enfant d'une jeune esclave, mais ne voulant pas être obligé de rendre la liberté à la mère, il se refusa à reconnaître cet enfant. Alphonse *le Sage* fut indigné de la conduite de cet homme, et fit en sorte d'émouvoir ses entrailles paternelles en ordon-

nant que l'enfant fût vendu aux en-
chères. Alphonse ne s'était pas trom-
pé, car l'Espagnol reconnut aussitôt
la pauvre petite créature et empêcha qu'on la vendît. Les bons mots
d'Alphonse étaient répétés en Espagne comme ceux d'Henri IV en
France : comme un jour on lui demandait la recette pour faire un bon
ménage, il répondit : « Il faut que
le mari soit sourd et la femme aveu-
gle. » Jeanne de Naples adopta Alphonse *le Sage* pour son fils et son
successeur; mais ensuite elle ne le
voulut plus ; et, après sa mort, Alphonse se vit contraint de prendre
d'assaut la ville de Naples. Il mourut

le 28 juin 1458, en laissant la couronne à son frère Jean, roi de Navarre. A Jean II, roi de Navarre et d'Aragon, succéda, en 1479, Ferdinand *le Catholique*, qui, par son mariage avec Isabelle, réunit pour toujours les couronnes d'Aragon et de Castille.

Nous ne devons pas oublier de mentionner les paroles adressées aux rois d'Aragon par le grand-juge qui était à la tête de la noblesse : « Nous,
» qui, chacun à part, disait-il, sommes autant que vous, et qui, réunis,
» pouvons plus que vous, vous faisons notre roi, pourvu que vous
» gardiez nos priviléges (*fueros*):
» sinon, non. »

Royaumes

de Léon et de Castille.

Pélage est considéré comme le fondateur du royaume de Léon ou d'Oviédo. C'est dans ce royaume que les Chrétiens, persécutés par les Maures, se préparèrent à reconquérir leur liberté, après avoir long-temps souffert pour leur religion, leurs lois et leurs mœurs. Les royaumes de Léon et de Castille furent réunis par Ferdinand Ier en 1037, divisés après sa mort, et de nouveau réunis sous Alphonse VI en 1073. Ce roi était frère de Sanche-le-Fort; aidé par le courage du Cid, il agrandit son royaume et prit la ville de Tolède sur les Maures. Ce fut à cause de sa querelle avec l'émir de Séville, Aben-Abed, que les Almoravides d'Afrique furent appelés en Espagne pour soutenir la religion de Mahomet, menacée par les Chrétiens. Le successeur d'Alphonse VI au trône de Castille, fut Alphonse *le Batailleur*, roi d'Aragon, marié à Urraque, et dont nous avons parlé précédemment.

Le règne d'Alphonse VIII n'offre rien d'intéressant; mais celui de Sanche III, qui vint après lui, rappelle un évènement remarquable : la place de Calatrava allait être envahie par les Maures, et personne n'osait en prendre la défense, lorsque deux moines Bernardins se présentèrent au roi, qui leur promit la seigneurie de cette ville s'ils parvenaient à en éloigner les Musulmans. Les moines Bernardins réunirent une vingtaine de mille hommes, presque tous religieux, et résistèrent aux Sarrasins. C'est à cet acte de bravoure que remonte l'institution de l'ordre de Calatrava. Sanche III mourut en 1195, et eut pour successeur Alphonse IX, sous le règne de qui se livra la célèbre bataille de Tolosa contre la formidable armée du Mu-

sulman Mohammed-el-Naser. Les
Musulmans furent taillés en pièces.

Saint Ferdinand gouverna la Castille de 1217 à 1252. Il réunit les
deux couronnes de Léon et de Castille, qui, depuis, ne furent plus
séparées. Il eut pour successeur Alphonse X, surnommé *le Savant*.
Lorsque Alphonse monta sur le trône,
presque toute la Péninsule apparte-
nait aux rois chrétiens. Son père
avait enlevé aux Maures les villes
de Cordoue, de Séville et de Cadix.
Les Arabes, chassés de ces villes et
de leurs environs, s'étaient retirés
dans les provinces de Grenade, de
Murcie et de Niébla, dont les Walis

dépendaient de la couronne de Castille. Alphonse diminua la valeur de l'argent, ce qui fit augmenter celle des marchandises, et mécontenta la nation. Plus tard, il rendit le Portugal indépendant et lui fit la remise des droits de suzeraineté que la couronne de Léon avait conservés sur lui. Les orgueilleux Castillans se fâchèrent de cela, et les puissantes familles, les Lara, les Castro, les Haro, les Mendoza, et même l'infant don Philippe, propre frère du roi, ne voulurent plus le servir. Alphonse se voyant abandonné de la noblesse et de sa famille, et étant obligé de fuir devant la révolte de

son fils aîné Sanche *le Brave*, il
alla demander asile à l'émir de Maroc (Yousef), qui le reçut en lui
disant : « Je vous traite ainsi parce
que vous êtes malheureux, et je
m'unis à vous pour venger la cause
commune de tous les rois et de tous
les pères. » Alphonse se prépara alors
à marcher contre son fils ; mais Sanche lui demanda humblement pardon de s'être révolté contre lui, et
il obtint sa grâce. Alphonse mourut à Séville le 4 avril 1284. C'était
un prince ambitieux, mais d'une
instruction profonde.

Les règnes de Sanche *le Brave*,
de Ferdinand IV et d'Alphonse *le*

Justicier, n'offrent rien de remarquable, si ce n'est la guerre civile qui les a troublés presque continuellement. Pierre IV monta sur le trône de Castille en l'année 1350. Sa cruauté, ses crimes, le firent surnommer *le Cruel*. Il commença par faire mourir Eléonore de Guzman, maîtresse ou épouse de son père. Marié à dix-neuf ans à Blanche de Bourbon, il la laissa, au bout de trois jours de mariage, pour reprendre Marie de Padilla. Il fit assassiner son frère naturel Frédéric, et jeter la reine en prison; il fit massacrer deux de ses frères, agés de 12 à 14 ans, ainsi que le grand-maître de l'ordre de Calatrava, dont il voulait donner la place au frère de Marie de Padilla. La nation se lassa de tant de meurtres et se révolta contre la tyrannie de Pierre *le Cruel*. Henri de Transtamare, frère naturel du roi, se mit à la tête des révoltés, demanda la couronne, et amena presque toute la nation dans son parti. La France et l'Angleterre se mêlèrent de la querelle, et l'une envoya le fameux Duguesclin au secours d'Henri de Transtamare, tandis que le Prince Noir, à la tête d'une armée anglaise, alla secourir Pierre *le Cruel*. Cette guerre dénaturée, entre deux frères, se termina

par la mort de Pierre, qui fut assassiné dans la tente de Duguesclin
par Henri de Transtamare. On dit
que Pierre était né avec de grandes
qualités.

A Pierre *le Cruel* succéda Henri
de Transtamare, sous le nom de
Henri II. Il ne régna que fort peu
de temps, et mourut, aimé du peuple,
en 1380.

Les autres rois qui ont occupé successivement le trône de Castille jus-
qu'en 1474, sont : Jean Ier, Henri III
surnommé *l'Infirme*, Jean II et
Henri IV surnommé *l'Impuissant*.
Tous ces règnes sont sans intérêt, et
la cour d'Henri IV, entr'autres, n'é-

tait, à dire la vérité, qu'un lieu d'où l'on avait chassé toute morale.

Ferdinand d'Aragon et Isabelle de Castille. (1474.)

Ferdinand et Isabelle réunirent sous un même sceptre, en 1474, l'Aragon et la Castille. Leur règne est rempli d'intérêt et rappelle des évènements mémorables. Nous avons vu la puissance des Chrétiens grandir successivement, tandis que celle des Maures tombait de jour en jour. La plupart des rois d'Aragon et de Castille, que nous venons de citer, ont affaibli chacun de leur côté, et souvent pour leur intérêt particulier, la domination des infidèles, qui, d'ailleurs, se massacraient entr'eux. Ces Musulmans, qui étaient maîtres de l'Espagne depuis près de huit cents ans, n'ont, pour ainsi dire, pas joui d'un seul moment de tranquillité; et ils ne possédaient plus que le royaume de Grenade lors de l'avènement de Ferdinand et d'Isabelle au trône. On rapporte que le bruit courait chez les Maures, que le terme de leur domination était arrivé, et une espèce de prophète parcourait les rues de Grenade en faisant entendre ses lamentables prédictions. Il ne se trompait pas, car, après une guerre de huit ans, soutenue par Boabdile, le dernier de leurs rois, les Maures ouvrirent les portes de Grenade aux soldats de Ferdinand et d'Isabelle.

Etablissement de l'Inquisition.

Lorsque Ferdinand eut chassé les Maures de Grenade, il voulut purger entièrement l'Espagne chrétienne de la religion de Mahomet. L'inquisition qu'il établit pour cet objet a excité nombreuses controverses. Nous rapporterons ici l'opinion émise relativement à ce tribunal, par M. le comte de Maistre, dans ses lettres à un gentilhomme russe. Après avoir combattu, par différents faits, les assertions des protestants et des philosophes des siècles derniers, il ajoute : — « Cette expression tant repétée, de *Tribunal de Sang*, n'a pas même le sens commun. Il n'y a, il ne peut y avoir de tribunal dans le monde qui ne soit malheureusement dans le cas de condamner à mort ; qui ne soit irréprochable à cet égard, dès qu'il exécute la loi sur des preuves certaines ; et qui ne fût même coupable, s'il ne l'exécutait pas.

Le tribunal de l'inquisition, d'ail-

leurs, ne condamne pas même à la
peine de mort portée par la loi;
c'est une affaire purement et essen-
tiellement civile, malgré quelques
apparences contraires. »

Plus loin, il dit : — « Si la loi
espagnole, écrite pour tout le
monde, porte la peine de l'exil, de
la prison, de la mort même, contre l'ennemi déclaré et public d'un
dogme espagnol, personne ne doit
plaindre le coupable qui aura mérité
ces peines; et lui-même n'a pas
droit de se plaindre, car il y avait
pour lui un moyen bien simple de
les éviter : celui de se taire. »

« Il manquerait, poursuit-il encore, quelque chose d'important à l'apologie de l'inquisition, si je ne vous faisais remarquer l'influence de cette institution sur le caractère espagnol. Si la nation a conservé ses maximes, son unité et cet esprit public qui l'a sauvée, elle le doit uniquement à l'inquisition. »

Ferdinand voulut aussi soumettre à l'inquisition les Maures restés dans Grenade après la capitulation, et auxquels il avait permis, jusques-là, le libre exercice de leur culte. Ces Musulmans se révoltèrent et appelèrent à leur secours les Gandules d'Afrique. Le roi, embarrassé de tant d'obstacles, fournit des vaisseaux à ceux qui voulurent passer en Afrique; mais beaucoup s'y refusèrent en feignant de devenir Chrétiens.

Découverte de l'Amérique en 1492.

Un capitaine de marine, originaire de Gênes et nommé Christophe Colomb, persuadé, d'après la forme de la terre, qu'il devait y avoir un monde inconnu, se rendit à la cour de plusieurs rois d'Europe, leur fit connaître son projet, et les supplia de vouloir bien lui confier quelques vaisseaux pour aller à la recherche d'un nouveau monde. Les uns le prirent pour un fou; le roi de France, Charles VIII, était en guerre avec l'Italie, et ne put ou ne voulut pas lui accorder ce qu'il demandait; alors il s'adressa au roi Ferdinand et à la reine Isabelle, dont il obtint, avec beaucoup de peine, trois vaisseaux. Il partit de Palos au mois d'août 1492, et après un long voyage, où il faillit perdre la vie au milieu des Espagnols de son équipage, qui voulaient le jeter à la mer et retourner ensuite dans leur patrie, il découvrit les îles de la Floride, et, sans aller plus loin, retourna en Espagne au mois de mars de l'année suivante.

Lorsque Christophe Colomb se vit menacé de devenir la victime de la fureur des gens de son équipage, il leur dit : « Si, dans trois jours, nous ne voyons pas la terre, je vous jure de vous reconduire en Espagne. » En outre, dans la crainte d'un naufrage qui aurait privé l'Europe de ses découvertes, il avait eu soin de consigner sur le parchemin ses relations de voyage, et de jeter à la mer un baril qui les contenait, s'imaginant que ce baril serait, tôt ou tard, retrouvé par des navigateurs. Mais il n'en pas été ainsi, et il a été perdu pour toujours.

La découverte de l'Amérique

valut à l'Espagne une profusion
de richesses qui lui causèrent beaucoup de maux, en ce sens que l'industrie fut négligée, et que ce fut à
qui passerait sa vie sans travailler.

Suite du Règne de Ferdinand et d'Isabelle.

Non-seulement Ferdinand et Isabelle avaient pour toujours délivré
l'Espagne des Maures, mais ils avaient
réuni le pays sous un même sceptre. Les royaumes de Léon, de Castille et d'Aragon s'étaient véritable-
ment fondus en un seul, qui était le

royaume d'Espagne ; et certes il eût
été à déplorer que ce royaume se
divisât de nouveau : c'est cependant
ce qui eut lieu. A la mort d'Isabelle,
arrivée en 1479, Ferdinand essaya,
mais en vain, de retenir le sceptre
de Castille. Lors de son mariage, les
cortès (députés) lui avaient fait prêter serment de ne jamais soumettre
la Castille à l'Aragon ; et la couronne passa entre les mains de Phi-
lippe-le-Beau, archiduc d'Autriche,
qui avait épousé Jeanne, fille de
Ferdinand et d'Isabelle. Mais Phi-
lippe-le-Beau mourut peu de temps
après, et la pauvre Jeanne devint
folle de douleur ; de sorte que n'é-

tant plus reine que de nom, ce fut
de nouveau son père Ferdinand qui
gouverna le royaume, grâce à la
protection du célèbre Ximénès de
Cisneros, archevêque de Tolède,
ancien confesseur et ministre d'Isabelle.

En ce temps-là, les Maures, qui
avaient toujours à cœur d'avoir été
bannis d'Espagne, ne cessaient d'in-
fester les côtes de la Péninsule.
Alors, Ximénès résolut d'attaquer
Oran, dont le port servait de re-
fuge à ces Maures. Cette ville fut
prise par Pedro de Navarre, et
Alger, Tunis et Tripoli se soumirent aussitôt. (1509-1510.)

A la mort de Ferdinand, qui arriva en 1516, la couronne d'Espagne tomba sur la tête de Charles d'Autriche (Charles-Quint), fils de Jeanne.

Règne de la Maison d'Autriche en Espagne. (1516.)

Ce règne commença à la mort de Ferdinand d'Aragon, et finit en 1700. Charles-Quint prit le titre de Roi, sans consulter les cortès; et son avènement au trône fut suivi d'une révolte qui s'étendit dans un grand nombre de villes; les communeros

de Castille voulaient que les terres
des nobles fussent soumises aux im-
pôts; mais le bruit des victoires de
Charles-Quint ne tarda pas à terminer les différents; l'amour de la
guerre embrâsa tous les cœurs, et,
de même que la France sous Napoléon, l'Espagne échangea ses priviléges et son peu de liberté contre un
peu de gloire.

Charles-Quint promena ses armées
dans toutes les directions : en France,
en Italie, en Allemagne; mais l'Espagne n'y gagna rien, bien au contraire : les contributions levées sur
les pays conquis et tout l'or tiré
de l'Amérique ne suffisaient point à

payer les troupes ; la nation, éblouie, contemplait la grandeur de son héros, tandis que ce même héros lui changeait ses lois et sa constitution ; tandis qu'enfin l'industrie disparaissait faute de bras et d'argent. En résumé, Charles-Quint a fait beaucoup de mal et peu de bien ; on peut en dire autant de presque tous les conquérants.

Mort de Charles-Quint. (1558.)

Vers la fin de sa carrière, Charles-Quint, las d'une existence mondaine, se livra entièrement aux pra-

tiques de la religion et se retira dans
le monastère de Saint-Just, qui s'é-
lève près de Placentia, dans l'Es-
tramadure. Lorsque Charles-Quint
vint s'en faire ouvrir les portes, il
s'agenouilla humblement devant
l'abbé qui lui donnait la bénédic-
tion, et baisa la terre en s'écriant :
« Nu je suis sorti du sein de ma
mère, et nu je retournerai à toi,
mère commune des hommes. » Un
an après, il prononça ses vœux ;
l'année qui suivit ses vœux, on le
mit vivant dans un cercueil, on
recouvrit son corps d'un drap noir
et on célébra l'office des morts. Il
mourut dans ce couvent le 21 septembre 1558.

Charles-Quint laissa à son fils, Philippe II, l'Espagne, les Pays-Bas, les royaumes de Naples, de Sicile, de Sardaigne, le duché de Milan et les possessions espagnoles de l'Amérique. Sous le règne de Philippe II, la paix fut conclue à Câteau-Cambrésis, entre la France et l'Espagne. Ce roi s'empara du Portugal et des possessions portugaises en Afrique, en Asie et en Amérique (1580). Ensuite il n'éprouva plus que des revers. Son despotisme souleva les Belges et donna naissance à la république des Provinces-Unies. Voulant se venger sur la reine d'Angleterre, Elisabeth, il

équipa sa *flotte invincible*, composée de cent trente vaisseaux, trans-
portant vingt mille soldats, et armés
de 1360 pièces de canon. Cette
flotte fut détruite en partie par les
Anglais, en partie par une tempête. Cette querelle entre Elisabeth
et Philippe venait de ce que la
reine d'Angleterre était alliée des
Provinces-Unies.

Mort de Constantin Ponce.

Après la mort de Charles-Quint
et sous le règne de son fils Philippe II, l'inquisition fit le procès

à Constantin Ponce, confesseur de l'empereur défunt. On l'accusait d'avoir dicté le testament de Charles-Quint, testament qui ne pouvait être en faveur de tout le monde. Constantin Ponce mourut dans un cachot, et après sa mort il fut brûlé en effigie dans un *auto-da-fé* (acte de foi). M. de Maistre rapporte que ces sortes d'exécutions avaient lieu rarement, et ses lettres affirment que les *auto-da-fé* servaient plutôt à convertir les infidèles par la peur qu'à les châtier. Il nous apprend à ce sujet qu'un homme condamné à la peine-du fouet, fut bien surpris, en arrivant au lieu du supplice, d'être porté sur un âne, promené par toutes les rues de la ville sans recevoir un seul coup de fouet. Au contraire, on lui présentait de temps en temps des biscuits et du vin, ce qui n'était certes pas un châtiment bien rude à supporter.

Suite du Règne de la Maison d'Autriche depuis l'année 1598 jusqu'à sa chute.

En l'année 1598, Philippe III succéda à Philippe II et hérita d'une dette énorme. Ce règne n'est signalé que par des désastres. Philippe III fit beaucoup de mal à l'Espagne en chassant les Maures ou Morisques, qui ne s'occupaient qu'à relever l'industrie. Ce roi avait un grand courage, et il l'a montré plus d'une fois, surtout pendant une maladie épouvantable qui l'entraîna dans la tombe.

Sous Philippe IV, son successeur, l'Espagne essuya des revers que rien n'égale. La Catalogne se révolta et se mit sous la protection de la France, avec laquelle Philippe était en guerre; le Portugal suivit l'exemple des Catalans, et se déclara indépendant de l'Espagne en faveur d'un prince de la maison de Bragance, qui prit le nom de Jean IV. Cette révolution de Lisbonne fut faite en un instant et éclata le 1er décembre 1640. Il y avait soixante ans que le Portugal était sous le joug des rois espagnols, et, il faut le dire pour justifier cette révolution, les Portugais, pendant tout ce temps, n'avaient supporté que misère et vexations. Enfin, pour compléter la série des revers essuyés par Philippe IV, les Napolitains, tyrannisés par le comte-duc d'Olivarès, premier ministre du roi d'Espagne, se soulevèrent à leur tour et essayèrent d'établir une république en 1647. Comme on rencontre bien peu d'amis dans le malheur, Philippe IV vit de jour en jour diminuer le nombre des siens, et, au lieu de lui prêter appui, on ne chercha qu'à le dépouiller. Le fameux Cromwell, qui s'était assis sur le trône d'Angleterre après la mort de Charles Ier, enleva aux Espagnols la Jamaïque, l'une de leurs plus riches possessions en Amérique. Philippe IV mourut en 1665, après avoir perdu le Portugal, la plupart de ses possessions dans les Indes et en Afrique, le Roussillon, l'Artois et une partie des Pays-Bas.

Son successeur, Charles II, n'était alors âgé que de quatre ans. Sa mère et six conseillers, présidés par le père jésuite Mithard, gouvernèrent le royaume pendant sa minorité. Sous Charles II, l'Espagne était dans un état désespérant; un grand nombre de ses habitants avaient émigré au Mexique et au Pérou, dans l'espoir d'y faire fortune; la terre n'était point cultivée; l'industrie était nulle, et les guerres qui avaient éclaté sous les règnes précédents avaient ruiné le peuple. Charles n'était qu'un fantôme de roi; ses favoris régnaient en son nom; il était faible de

corps et d'esprit, et ignorant au point de ne pas même connaître de nom certaines villes qui lui appartenaient. Il était marié à Marie-Louise d'Orléans, nièce de Louis XIV. Ce fut sous son règne que fut signé, à Lisbonne, le traité de paix entre l'Espagne et le Portugal. Louis XIV, roi de France, et Guillaume, roi d'Angleterre, voyant s'approcher la fin de Charles II, qui jouissait d'une très-mauvaise santé et n'avait pas d'enfants, se concertèrent secrètement à La Haye (Pays-Bas), et firent le partage de l'Espagne : on donnait l'Espagne et les Indes au prince électoral de

Bavière; les royaumes de Naples, de Sicile et le Guipuzcoa, au Dauphin; et le duché de Milan à l'Archiduc d'Autriche. Vers la fin de la même année, Charles II fit son testament, et ne reconnaissait pour unique héritier que le prince électoral de Bavière; mais ce prince étant mort, Charles fit un nouveau testament en faveur de Philippe, duc d'Anjou, deuxième fils du Dauphin.

Règne des Bourbons en Espagne.
(1700.)

Le roi Charles étant mort le 1ᵉʳ novembre de l'année 1700, à l'âge de trente-neuf ans, la malheureuse Espagne excita la convoitise d'un grand nombre de princes; c'était à qui en arracherait des lambeaux; tous faisaient valoir leurs droits à cette couronne, veuve d'une tête royale. Louis XIV avait épousé Marie-Thérèse d'Autriche, fille de Philippe IV, roi d'Espagne, et sœur aînée de Charles II; en outre, Louis XIV était fils d'Anne d'Autriche, tante de Charles II. Voilà quels étaient les titres du roi de France. Léopold Iᵉʳ, empereur d'Autriche, demandait aussi sa part dans la succession, comme étant fils de Marianne, fille cadette de Philippe III, et comme époux de Marguerite-Thérèse, sœur cadette de Charles II. Le Prince électoral de Bavière revendiquait ses droits comme fils de Marie—Antoinette d'Autriche, née du mariage de Léopold Iᵉʳ avec l'infante Marguerite-Thérèse; enfin Amédée, duc de Savoie, se portait aussi sur les rangs, parce qu'il était arrière-petit-fils de Catherine d'Autriche, fille de Philippe II. On voit que les prétendants à la couronne d'Espagne ne manquaient pas ; mais cela n'empêcha pas le duc d'Anjou (Philippe V) de s'en emparer en attendant que la querelle fût vidée; et il s'installa à Madrid le 24 novembre 1700. Les prétendants exigeaient de Louis XIV qu'il détronât son petit-fils, Philippe V, parce qu'ils craignaient de voir bientôt les Bourbons accaparer toutes les monarchies d'Europe. Louis XIV n'entendit pas raison et risqua les chances de cette guerre longue, épouvantable et ruineuse, que l'on a appelée *la Guerre de la succession.*

Le prince Eugène de Savoie et
le général anglais Malborough avaient
battu les Français à Hochstœdt;
ils avaient remporté la victoire aux
batailles de Ramillies, d'Oudenarde
et de Malplaquet. Cette longue suite
de revers laissait la France dans un
triste état; les finances étaient épui-
sées, et la misère du peuple était
arrivée à son plus haut degré.
Malgré tout, Louis XIV se prépara
à soutenir Philippe V sur le trône
d'Espagne, et le duc de Vendôme
fut envoyé pour combattre les troupes de l'Archiduc d'Autriche, qui
étaient entrées à Madrid, tandis que
la cour s'était retirée à Vittoria pour

se rapprocher de la France. A l'arrivée du duc de Vendôme, beaucoup
de volontaires vinrent se joindre à
l'armée française. Les communautés
des villes, des villages, et les religieux apportèrent de l'argent; on
ramena le roi à Madrid, et l'ennemi fut obligé de se retirer vers
le Portugal. A Brighuela, l'anglais
Stanhope fut fait prisonnier avec
cinq mille hommes. On livra ensuite
la bataille de Villaviciosa contre le
général autrichien Staremberg; Philippe V prit le commandement de
l'aile droite, et la victoire fut rem-
portée. On prétend qu'après cette
bataille, le roi d'Espagne n'ayant

point de lit, le duc de Vendôme lui
dit : Je vais vous faire donner le
plus beau lit sur lequel jamais roi
ait couché ; — et il lui fit faire un
matelas avec les drapeaux pris sur
l'ennemi.

Enfin arrivèrent la mort de l'empereur Joseph Ier qui avait succédé
à Léopold en 1705, et la disgrâce de
Malborough ; alors on conclut les
traités de paix d'Utrecht, de Rastadt
et de Bâle. Philippe V fut définitivement reconnu roi d'Espagne ;
mais il perdit le Milanais, le duché
de Mantoue, le royaume de Naples,
les Pays-Bas espagnols qui furent
cédés à l'Archiduc Charles, et la Si-

cile, où Victor Amédée de Savoie fut nommé roi. Les Anglais, qui ne font jamais de sacrifices sans être certains d'en retirer quelque chose, gardèrent Gibraltar, d'où ils commandent sur la Méditerranée.

Philippe V établit le même ordre de succession qu'en France, c'est-à-dire qu'à la mort du monarque, les femmes ne pouvaient s'emparer du sceptre. Sous ce roi, les persécutions religieuses se poursuivirent avec zèle; on fit arrêter à Grenade trois cents personnes soupçonnées d'être de la religion de Mahomet; les deux tiers de leurs biens furent confisqués au profit de l'inquisition, et l'autre tiers

au profit de la couronne. Plusieurs
de ces personnes furent condamnées
à une prison éternelle, et d'autres
furent envoyées en Afrique. La
ville de Malaga vit périr sur le bû-
cher cinquante-deux hérétiques; et on
publia un édit par lequel les Espagnols devaient dénoncer Juifs,
Mahométans et Protestants, que l'on
disait avoir un pacte avec le diable.
Philippe V régna pendant vingt ans,
puis il devint triste, dégoûté des
tracas du gouvernement, et abdiqua
en faveur de son fils Louis; mais
celui-ci étant mort peu de temps
après, Philippe régna de nouveau
jusqu'au 9 juillet 1756.

Règne de Charles III. (1756.)

Lorsque Ferdinand VI fut mort sans postérité, don Carlos, roi des Deux-Siciles, monta sur le trône d'Espagne et prit le nom de Charles III. En 1784, il abolit les combats de taureaux, excepté ceux qui avaient pour motifs les grandes fêtes religieuses ou patriotiques. Nous devons louer Charles III d'avoir agi de la sorte, car ces combats amenaient de grands malheurs et endurcissaient le cœur des Espagnols. Voici en peu de mots en quoi consistaient ces sortes de jeux : au jour indiqué pour les combats, qui se livraient principalement dans les grandes villes, les spectateurs, hommes, femmes, vieillards, enfants, prenaient place sur un amphithéâtre ; alors on amenait dans l'arène un taureau jeune et vigoureux, qu'un homme attendait, la lance au poing et prêt à le combattre. Au signal donné, le *Tauréador* excitait l'animal, et se sauvait rapidement dès qu'il l'avait rendu furieux. Le taureau restait ainsi seul avec le combattant ; l'homme et la bête se ruaient l'un sur l'autre, et se combattaient avec un courage sans nom, jusqu'à ce que l'un des deux eût succombé. Si le vigoureux cham-

pion terrassait l'animal, on lui pro-
diguait les éloges les plus flatteurs;
si au contraire il était abattu par le
taureau, la foule le plaignait un
moment; mais ensuite elle l'accusait de maladresse. Il y avait toujours du sang de versé dans ces dé-
plorables combats; et d'ailleurs ce
n'était qu'une mauvaise leçon pour
les spectateurs, dont le cœur, avons-
nous dit, ne pouvait que s'endurcir
à cet aspect. Ainsi donc le roi
Charles III a bien fait de s'opposer
à ce que ces jeux sanglants se re-
nouvelassent trop souvent. Les combats de taureaux pour célébrer les
fêtes religieuses et patriotiques ont

successivement passé de mode, à mesure que la civilisation a adouci les mœurs des hommes; et d'ailleurs l'état présent de la malheureuse Péninsule ne permet guères aux Espagnols de se divertir.

En 1789, Charles IV, fils de Charles III, s'empara de la couronne d'Espagne; ce fut un monarque paisible qui se livra presque constamment au plaisir de la chasse, en abandonnant le soin des affaires à Manuel Godoy, nommé duc d'Alcudia, et ensuite prince de la paix. Sous ce règne, l'Espagne ne fut pas respectée à l'extérieur; elle se vit successivement enlever ses possessions de Saint-Domingue, l'île de la Trinité et l'île Minorque. Sa marine fut ruinée en 1797, après que l'amiral anglais, lord Jervis, eut battu, à la hauteur du cap Saint-Vincent, la flotte commandée par l'amiral Cordova.

Campagnes d'Espagne
Sous Napoléon.

Napoléon était vainqueur à Iéna, et sa belliqueuse manie ne laissait pas d'inspirer une vive inquiétude aux monarchies de l'Europe. Le prince de la paix prévit bien qu'il ne laisserait pas l'Espagne tranquille, et que tôt ou tard il trouverait des raisons, bonnes ou mauvaises, pour lui déclarer la guerre et s'en emparer, afin de s'assurer d'un peuple voisin de la France, qui pouvait fort bien se retrancher dans les Pyrénées, et porter ombrage aux provinces du midi. Alors Manuel Godoy (le prince de la paix) ne perdit pas de temps; et crainte de surprise, il fit une levée de troupes très-considérable. (1806.) Cette action causa une grande rumeur en France, et le prince de la paix voulant détourner tous les soupçons, fit courir le bruit qu'il n'avait fait une levée de troupes que pour prévenir une invasion des Maures. Ce n'était pas fort adroit, mais peu importe.

Le peuple n'aimait pas Godoy; mais en revanche il chérissait Ferdinand, fils du roi Charles IV, et c'était sur ce prince qu'il reportait toutes ses espérances. Dans la crainte d'une guerre avec Napoléon, Ferdinand et son frère ouvrirent des négociations pour maintenir la paix; et le premier demanda à Napoléon de l'admettre dans sa famille par une alliance. Napoléon ménagea adroitement le père et le fils, leur donna un peu d'espoir, leur promettant à chacun son appui; ce

qui ne l'empêcha pas de les renverser tous deux du trône.

Par un traité conclu à Fontainebleau, le 27 octobre 1807, entre
le général Duroc pour Napoléon,
et don Eugenio Izquierdo pour le
prince de la paix, on était convenu
de diviser le Portugal en trois par-
ties : l'une pour être donnée, à titre
d'indemnité, et en échange de sa
couronne, au roi d'Étrurie; la seconde, destinée à Godoy, avec le
titre de prince des Algarves; la troisième devant rester au séquestre jus
qu'à la fin de la guerre. En outre,
le traité de Fontainebleau permet-
tait à l'armée française de traverser

l'Espagne, et de former à Bayonne
un camp de quarante mille hommes,
qui devaient garder à vue l'Angle—
terre, de la part de laquelle on
craignait une intervention. Comme
on le voit, ce traité allait au-devant
des intentions de l'Empereur, qui
voulait détrôner Charles IV, et donner la couronne de la Péninsule à
son frère.

Complot de Ferdinand,

prince des Asturies.

Godoy et le prince des Asturies
ne vivaient pas en bonne intelli—

gence, et conséquemment les ennemis du premier ministre se ran-
geaient du côté de Ferdinand, et
allaient grossir sa cour. Le prince
était jeune, et ce fut d'après les conseils des personnages marquants qui
l'entouraient, qu'il avait, sans en
avertir le roi et la reine d'Espagne,
envoyé à Napoléon une lettre, où
il lui demandait en mariage une
princesse de sa famille. Cette lettre
resta sans réponse; mais Godoy,
à qui le secret avait été révélé par
des espions, alla se jeter aux pieds
du roi Charles, et lui dénonça le
complot, ou plutôt cette apparence
de complot. La consternation fut

grande à la cour de Madrid, et le vieux roi se mit en route sur-le-champ, avec ses gardes du corps, pour châtier son fils. Il l'arrêta facilement, le désarma de ses propres mains, et le fit renfermer dans le palais de l'Escurial. Charles s'adressa à Napoléon pour terminer les différents; et, de son côté, Ferdinand demanda aussi à se justifier de l'accusation qui pesait sur lui. François de Beauharnais intercéda pour le prince auprès de Charles, et obtint sa mise en liberté. Le vieux père se montra généreux; et, pardonnant à son fils repentant, il s'exprima en ces termes : « La voix de la nature

désarme le bras de la vengeance;
et, lorsque l'inexpérience réclame
la pitié, un père tendre ne peut s'y
refuser. Mon fils a déjà dénoncé les
auteurs du plan horrible que lui
avaient fait concevoir des malveil-
lants; il a tout démontré en forme de
droit, et tout conté avec l'exactitude
requise par la loi pour de telles preuves. Son repentir et son étonnement
lui ont dicté les remontrances qu'il
m'a adressées, et dont voici le texte :

« Sire et mon père,

« Je me suis rendu coupable en
manquant à votre majesté; j'ai man-
qué à mon père et à mon roi; mais

je m'en repens, et je promets à votre majesté la plus humble obéissance. Je ne devais rien faire sans le consentement de votre majesté; mais j'ai été surpris : j'ai dénoncé les coupables, et je prie votre majesté de me pardonner, et de permettre de baiser vos pieds à votre fils reconnaissant.

« St-Laurent, 5 Novembre 1807.

« FERDINAND. »

« Madame et mère,

« Je me repens bien de la faute que j'ai commise contre le roi et la reine, mes père et mère ; aussi, avec la plus grande soumission, je vous en demande pardon, ainsi que de mon opiniâtreté à vous nier la vérité l'autre soir ; c'est pourquoi je supplie ma mère, du plus profond de mon cœur, de daigner interposer sa médiation envers mon père, afin qu'il veuille bien permettre d'aller baiser les pieds de sa majesté à un fils reconnaissant.

« St-Laurent, 5 Novembre 1807.

« FERDINAND. »

Après avoir adressé ces lettres au conseil de Castille, le roi Charles IV continua son décret de la sorte :

« En conséquence de ces lettres, et à la prière de la reine, mon épouse bien-aimée, je pardonne à mon fils; il rentrera dans ma grâce, dès que sa conduite me donnera des preuves d'un véritable amendement dans ses procédés.... »

Les Français en Espagne.

Tandis que la réconciliation s'opérait entre Charles et son fils le prince des Asturies, Napoléon, alors en Italie, ordonna à Joachim Murat, grand-duc de Berg, de faire lever le camp de Bayonne, et de

marcher avec les troupes sur Madrid.
Les Espagnols, croyant avoir affaire
à de bons amis, reçurent d'abord
les Français avec beaucoup d'égards,
et ne firent pas seulement mine de
les arrêter dans leur marche. Notre
armée s'empara d'une foule de for-
teresses, sans tirer un coup de canon ; et ce ne fut que lorsque l'on
vit nos troupes se diriger sur Madrid que personne ne douta plus
des intentions hostiles de Napoléon ;
et la cour, au lieu d'empêcher l'indigne conduite d'un conquérant qui
se faisait alors un jeu du traité de
Fontainebleau, au lieu d'appeler le
peuple à son secours et de lui donner

le signal de la résistance, ne songea plus qu'à se réfugier en Amérique. On fit à cet effet tous les préparatifs nécessaires, et don Miguel de Cevallos, maréchal de camp de cavalerie, vint de Ségovie avec trente bouches à feu pour protéger la retraite du roi. Le prince Ferdinand, don Carlos, son frère, et don Antonio, voyant une foule immense se presser dans Aranjuez, où s'était retirée la cour, et la suppliant, les larmes aux yeux, de ne point quitter l'Espagne, se déclarèrent ouvertement contre le départ du roi qui, pensaient-ils, ne devait pas désespérer du sort de la patrie, lorsque tant de personnes étaient disposées à la défendre. Vaincu par ces honorables protestations, le roi Charles se décida à rester; et, le 16 mars 1808, il fit afficher des proclamations pour rassurer le peuple espagnol et lui faire connaître que son intention était de rester au milieu de ses sujets. Le lendemain, le malheureux roi, dont le règne avait été si calme avant la révolution française, et qui redoutait, on ne peut plus, le spectacle affreux d'un pays conquis, changea de résolution et se disposa de nouveau à s'embarquer pour l'Amérique. Cette fois le peuple fit encore une vive opposition, et on se mit à crier de toutes parts : « Meure Godoy! » car la voix publique accucusait ce ministre de contrarier les bonnes intentions du roi. Bref, Charles fut obligé de se soumettre à la volonté du peuple.

Captivité de Godoy et abdication du roi Charles IV.

Les cris de : A bas Godoy! meure Godoy! eurent du retentissement parmi la foule ; la révolte prit un caractère sérieux, et on se mit à saccager le palais du ministre. On brisa les meubles, on en jeta les débris

par les fenêtres, et on y mit le feu.
Si Godoy eût été rencontré dans ce
moment de fureur, il eût été mas-
sacré impitoyablement. Mais il avait
eu le bonheur de pouvoir se cacher
dans un grenier, et on ne le découvrit qu'au bout de trente-huit
heures de recherches. Les assaillants
étaient revenus à des sentiments plus
calmes; mais la présence du ministre les irrita de plus belle : ils le
mutilèrent; et, sans l'arrivée du
prince Ferdinand, qui le délivra,
on ne sait trop ce qui serait advenu
de sa personne. Godoy fut aussitôt
mis en prison et destitué par le
roi.

En même temps Charles IV rendit le décret royal suivant :

« Comme mes infirmités habituelles ne me permettent pas de supporter plus long-temps le poids important du gouvernement de mon royaume, et ayant besoin, pour rétablir ma santé, de jouir d'un climat plus tempéré dans la vie privée, j'ai décidé, après la plus mûre réflexion, d'abdiquer ma couronne en faveur de mon héritier, mon très-aimé fils, le prince des Asturies.

« En conséquence, ma volonté royale est qu'il soit reconnu et obéi comme roi et seigneur naturel de tous mes royaumes et souverai-

netés; et pour que ce décrêt royal
de ma libre et spontanée abdication
soit exactement et dûment accom—
pli, vous le communiquerez au conseil et à tout autre à qui il appar—
tiendra.

« Donné à Aranjuez, le 19 Mars 1808.

« Moi, le Roi.

« Contresigné A. Don Pedro Cevallos. »

Règne de Ferdinand VII.

A peine le prince des Asturies
fut-il couronné sous le nom de Ferdinand VII, que Joachim Murat pé-
nétra dans Madrid, à la tête d'une
division d'infanterie, de quelques

régiments d'artillerie à cheval et de deux régiments de cuirassiers. Il habita l'hôtel du prince de la paix dont il était l'intime ami.

Ferdinand avait fait part de son avènement au trône à l'empereur Napoléon ; mais celui-ci ne lui ayant ni répondu, ni fait même adresser les félicitations d'usage, il ne sut à quoi attribuer ce singulier silence ; et pour mériter son affection et son appui, il lui fit présent de l'épée de François Ier que l'on conservait religieusement à Madrid depuis la funeste bataille de Pavie. Ensuite, sur la demande de Beauharnais et de Murat, le roi Ferdinand consentit à se rendre au-devant de l'Empereur qui se dirigeait sur Bayonne ; et comme il séjournait à Vittoria, Savary (duc de Rovigo) lui remit de la part de Napoléon une lettre ainsi conçue :

Lettre de l'Empereur des Français à Ferdinand.

« Mon frère, j'ai reçu la lettre
» de votre altesse royale ; elle doit
» avoir acquis la preuve, dans les
» papiers qu'elle a eus du roi son
» père, de l'intérêt que je lui ai
» toujours porté ; elle me permettra,
» dans la circonstance actuelle, de
» lui parler avec franchise et loyau-

» té. En arrivant à Madrid, j'es-
» pérais porter mon illustre ami à
» quelques réformes nécessaires dans
» ses états, et à donner qnelque
» satisfaction à l'opiniou publique.
» Le renvoi du prince de la paix
» me paraissait nécessaire pour son
» bonheur et celui de ses peuples.
» Les affaires du nord ont retardé
» mon voyage; les évènements d'A-
» ranjuez ont eu lieu. Je ne suis pas
» juge de ce qui s'est passé et de la
» conduite du prince de la paix;
» mais ce que je sais bien, c'est qu'il
» est dangereux pour les rois d'ac-
» coutumer les peuples à répandre
» du sang et à se faire justice eux-

» mêmes. Je prie Dieu que votre
» altesse royale n'en fasse pas elle-
» même l'expérience un jour. Il
» n'est pas de l'intérêt de l'Espagne
» de faire du mal à un prince qui
» a épousé une princesse du sang
» royal, et qui a si long-temps régi
» le royaume; il n'a plus d'amis;
» votre altesse royale n'en aura plus
» si jamais elle est malheureuse. Les
» peuples se vengent volontiers des
» hommages qu'ils nous rendent.
» Comment, d'ailleurs, pourrait-on
» faire le procès au prince de la paix
» sans le faire à la reine et au roi
» votre père ? Ce procès alimentera
» les haines et les passions fac-

» tieuses ; le résultat en sera funeste
» pour votre couronne. Votre al-
» tesse n'y a de droits que ceux que
» lui a transmis sa mère ; si le procès
» la déshonore, votre altesse royale
» déchire par là ses droits : qu'elle
» ferme l'oreille à des conseils per-
» fides, elle n'a pas le droit de juger
» le prince de la paix ; ses crimes,
» si on lui en reproche, se perdent
» dans les droits du trône. J'ai sou-
» vent manifesté le désir que le
» prince de la paix fût éloigné des
» affaires ; l'amitié du roi Charles
» m'a porté souvent à me taire et
» à détourner les yeux des faiblesses
» de son attachement. Misérables

» hommes que nous sommes ! fai-
» blesse et erreur, c'est notre devise.
» Mais tout cela peut se concilier :
» que le prince de la paix soit exilé
» d'Espagne, et je lui offre un re-
» fuge en France. Quant à l'abdi-
» cation de Charles IV, elle a eu
» lieu dans un moment où mes ar-
» mées couvraient les Espagnes, et
» aux yeux de l'Europe et de la
» postérité je paraîtrais n'avoir en-
» voyé tant de troupes que pour
» précipiter du trône mon allié et
» mon ami. Comme souverain voi-
» sin, il m'est permis de vouloir
» connaître avant de reconnaître
» cette abdication. Je le dis à votre

» altesse royale, aux Espagnols et
» au monde entier : si l'abdication
» du roi Charles est de pur mou-
» vement, s'il n'y a pas été forcé par
» l'insurrection et l'émeute d'Aran-
» juez, je ne veux faire aucune
» difficulté de l'admettre, et je re-
» connais votre altesse royale pour
» roi d'Espagne. Je désire donc
» causer avec elle sur cet objet; la
» circonspection que je porte depuis
» un mois dans ces affaires doit
» lui être garant de l'appui qu'elle
» trouvera en moi, si, à son tour,
» des factions, de quelque nature
» qu'elles soient, venaient à l'in-
» quiéter sur son trône.

« Quand le roi Charles me fit
» part de l'événement du mois
» d'octobre dernier, j'en fus dou-
» loureusement affecté, et je pense
» avoir contribué, par des insi-
» nuations que j'ai faites, à la bonne
» issue de l'affaire de l'Escurial.
» Votre altesse royale avait bien des
» torts, je n'en veux pour preuve
» que la lettre qu'elle m'a écrite,
» et que j'ai voulu constamment
» oublier. Roi à son tour, elle saura
» combien les droits du trône sont
» sacrés. Toute démarche près d'un
» souverain étranger, de la part
» d'un prince héréditaire, est crimi-
» nelle. Le mariage d'une princesse

» française avec votre altesse royale
» est d'accord avec les intérêts de
» mes peuples, et il m'unirait par
» de nouveaux liens à une maison
» qui, depuis mon avènement au
» trône, ne m'a donné que des mo-
» tifs de satisfaction. Votre altesse
» royale doit se défier des écarts
» et des émotions populaires.

» On pourra commettre quelques
» meurtres sur mes soldats isolés,
» mais la ruine de l'Espagne en se-
» rait le résultat. J'ai vu avec peine
» qu'à Madrid on ait déjà répandu
» des lettres du capitaine-général
» de la Catalogne, et fait tout ce
» qui pouvait donner du mouve—
» ment aux têtes. Votre altesse

» royale connaît ma pensée tout en-
» tière; elle voit que je flotte entre
» diverses idées qui ont besoin d'être
» fixées; elle peut être certaine que,
» dans tous les cas, je me compor-
» terai avec elle comme avec le roi
» son père. Qu'elle croie à mon désir
» de tout concilier, et de trouver
» des occasions de lui donner des
» preuves de mon affection et de
» ma parfaite estime.

» Sur ce, je prie Dieu, mon frère,
» qu'il vous ait en sa sainte et digne
» garde.

» NAPOLÉON.

« Bayonne, le 16 avril 1808. »

Cette pièce historique a trop d'im-

portance sous tous les rapports, pour
que nous ayons consenti à en retrancher les moindres détails. Il est
curieux de suivre cette leçon donnée
si cavalièrement à un monarque d'Espagne par l'ex-révolutionnaire qui
ne portait pas encore à Toulon les
épaulettes à graines d'épinards.

Ferdinand, qui se désespérait aussi
facilement qu'il reprenait courage,
ne sut d'abord quel parti prendre à
la réception de cette lettre; mais
ensuite il crut devoir aller trouver
l'Empereur. En vain les habitants de
Vittoria firent tout ce qu'il était possible de faire pour l'en détourner; en
vain on détela les chevaux et on

coupa les traits pour l'obliger à ne pas aller plus loin, il s'obstina et se mit en route pour Bayonne.

Napoléon reçut notre jeune roi avec une déférence toute particulière, il protesta de ses bonnes intentions à son égard; et comme Ferdinand éprouvait déjà une grande satisfaction et se félicitait intérieurement des résultats de sa démarche, Savary vint, au nom de l'Empereur, lui signifier sa déchéance et lui offrir le petit royaume d'Etrurie en échange du trône d'Espagne. Bon gré, malgré, il fallut se soumettre à cette terrible loi du plus fort qui n'avait pas même le mérite de la franchise. Toute la famille royale reçut presqu'aussitôt l'ordre de sortir d'Espagne, et cet évènement provoqua une insurrection à Madrid, le 2 mai, jour même où la cour devait partir. Les Espagnols courent aux armes, et, remplis d'une juste indignation, ils égorgent sans pitié tous les Français qui leur tombent sous la main. Murat fait jouer la mitraille dans les rues, étouffe la sédition, fait fusiller un assez grand nombre des principaux meneurs de la révolte, et couronne l'œuvre par une amnistie. N'était-ce pas là quelque chose de dérisoire?

Murat s'imaginant sans doute que cette révolte allait justifier l'invasion de l'armée française, s'écria : « Le 2 mai donne l'Espagne à l'Empereur. » — « Dites plutôt qu'il la lui enlève pour toujours, répliqua sévèrement le ministre de la guerre O'Farril. » La prophétie se réalisera.

Ce fut alors que le faible Charles IV suivit les conseils de la reine et du prince de la paix; et la lettre suivante qu'ils lui firent écrire servit on ne peut mieux Napoléon :

« Je proteste et déclare, disait-il, que mon décret du 19 mars, par lequel j'abdique la couronne en faveur de mon fils, est un acte auquel j'ai été forcé, pour prévenir les plus grands malheurs et l'effusion du sang de mes sujets bien-aimés ; il doit, en conséquence, être regardé comme de nulle valeur.

« Moi, le Roi. »

Sans perdre de temps, et trouvant l'occasion excellente pour se prononcer, Napoléon s'adressa au roi détrôné (Ferdinand) : « Prince , lui dit-il, jusqu'à ce moment je ne m'étais arrêté à aucun parti sur les évènements qui vous ont amené ici, mais le sang répandu à Madrid fixe mes irrésolutions ; ce massacre ne peut être que l'œuvre d'un parti que vous ne pouvez pas désavouer, et je ne reconnaîtrai jamais pour roi d'Espagne celui qui, le premier, a

rompu l'alliance qui depuis si long-
temps l'unissait à la France, en or-
donnant le meurtre des soldats français, lorsque lui-même venait me
demander de sanctionner l'action
impie par laquelle il voulait monter
au trône. Voici le résultat des mauvais conseils auxquels vous avez été
entraîné, vous ne devez vous en
prendre qu'à eux.

« Je n'ai d'engagements qu'avec
le roi votre père ; c'est lui que je
reconnais, et je vais le reconduire
à Madrid, s'il le désire. »

Il y a beaucoup d'injustice dans
ce peu de mots de Napoléon, et ce
que nous y trouvons de plus vrai-

semblable, c'est qu'il cherchait à renverser le père et le fils l'un par l'autre. Il fallait qu'il se fût bien assuré des sentiments du roi Charles avant de dire : « et je vais le reconduire à Madrid, s'il le désire. » — « Moi, je ne le veux pas, répliqua le vieux roi. Eh ! qu'irai-je faire dans un pays où il a armé toutes les passions contre moi ? Je ne trouverais partout que des sujets soulevés; et après avoir été assez heureux pour traverser sans pertes un bouleversement de toute l'Europe, irai-je déshonorer ma vieillesse en faisant la guerre aux provinces que j'ai eu le bonheur de conserver, et

conduire mes sujets à l'échafaud?
Non, je ne le veux pas; (et regardant
son fils) il s'en chargera mieux que
moi! s'écria-t-il.... Tu crois donc
qu'il n'en coûte rien de régner? Vois
les maux que tu prépares à l'Espagne. Tu as suivi de mauvais conseils,
je n'y puis rien; tu t'en tireras
comme tu pourras, je ne veux pas
m'en mêler. Va-t'en. »

Ferdinand se retira sans mot dire,
et signa son abdication. La couronne
devait, par un traité de la veille (15
mai), tomber entre les mains de Napoléon; et le grand duc de Berg
(Murat) fut nommé lieutenant-géné-
ral du royaume. La famille royale

espagnole fut conduite en France, où
on lui donna pour demeure le château de Valençay, qui appartient à
l'ex-diplomate Talleyrand de Pé-
rigord.

Tant de vexations de la part de
l'Empereur devaient finir par lasser
l'Espagne et par réveiller son énergie ; aussi la junte de Séville prit
le titre de junte suprême du gouvernement d'Espagne, et, le 6 juin,
elle déclara la guerre à la France
au nom de Ferdinand VII et de la
nation.

Jamais guerre entreprise sous l'Empire ne fut plus injuste que celle de
la Péninsule Hispanique. Pour la
faire éclater, on a mis en usage la per-

fidie la plus indigne et de pitoyables chicanes. Napoléon se plaint de l'émeute de Madrid, mais ses plaintes ne sont nullement fondées, car une nation qui voit son territoire envahi de tous côtés par l'ennemi, qui voit son souverain chassé pour faire place à un autre, qu'elle ne connaît point et qui n'a de droit que celui que donne la force, une nation, dis-je, qui voit tout cela, ne peut qu'élever la voix et se faire justice de ses propres mains.

Commencement des hostilités.

Notre cadre ne nous permet pas

d'enregistrer les marches et contre-
marches des armées, de suivre pas
à pas les progrès de l'insurrection,
et de nous étendre sur les petits évènements qui s'y rattachent. Nous
nous bornerons à signaler les faits
principaux qu'a engendrés cette lutte
acharnée de la nation espagnole
avec les troupes françaises. A la suite
de leur déclaration de guerre, les
Espagnols, secondés ouvertement
par les Anglais, s'emparèrent d'une
escadre qui stationnait devant Cadix. Cette escadre, forte de cinq
vaisseaux de ligne et d'une frégate,
était commandée par le contre-amiral
Rossily.

La révolte éclatait sur tous les points; les enfants de l'Espagne montraient une généreuse résolution et s'armaient à la hâte. Le maréchal Moncey, duc de Conégliano, reçut l'ordre de marcher sur Valence où l'insurrection offrait un caractère beaucoup plus alarmant que partout ailleurs; ce n'était plus un mouvement national qui s'y opérait, mais un véritable brigandage. Quelques misérables, dirigés par Balthazar Calvo, avaient renversé la junte et s'étaient emparés du pouvoir souverain. Ils faisaient ruisseler le sang, et peu leur importait que ce sang fût espagnol ou français. Deux

cénts Français environ étaient en-
fermés dans la citadelle de Valence;
Calvo leur conseilla de prendre la
fuite, s'ils ne voulaient pas être assas-
sinés. Ces malheureux, saisis d'é-
pouvante, tentèrent une évasion;
mais Calvo, qui se tenait à la porte,
s'écria : Les captifs cherchent à fuir!..
et aussitôt les infortunés prisonniers
furent massacrés ou livrés à la fureur des taureaux du cirque, en
présence d'une multitude de for-
cenés qui ne rougissaient point
d'applaudir à cette scène de car-
nage et de férocité. Calvo ne tarda
pas à être arrêté et chargé de fers.
La junte qu'il avait dispersée le

condamna à être étranglé, et son corps fut exposé au public avec l'inscription suivante:

« TRAITRE A LA PATRIE ET CHEF D'ASSASSINS. »

Peu de jours après, le maréchal Moncey se présenta sous les murs de Valence après avoir culbuté de nombreuses troupes de paysans armés qui l'inquiétaient sur sa route. Le siége de Valence fut commencé le 28 juin; on se battit avec opiniâtreté de part et d'autre; mais le maréchal Moncey ne recevant point de renfort fut obligé de battre en retraite et de se replier sur Albacète.

Joseph, roi d'Espagne.

Son entrée à Madrid. (20 juillet 1808.)

Remplacé sur le trône de Naples par le grand-duc de Berg, Joseph accepta des mains de Napoléon, son frère, la couronne d'Espagne. Joseph n'était pas fait pour régner; il préférait la littérature et les beaux-arts aux fatigues du gouvernement. Le nouveau roi, en allant de Bayonne à Madrid, reçut les félicitations des autorités, mais il s'aperçut que le peuple était fort mal disposé contre lui, et en effet des cris injurieux le saluaient de toutes parts.

Lorsqu'il entra à Madrid, la population le reçut avec une froideur et un silence qui étaient loin de le rassurer. Les Français seuls allèrent au-devant de lui ; les Espagnols ne sortirent point de leurs maisons et ne laissèrent échapper aucune manifestation consolante pour le roi Joseph. On eut beau donner à la multitude des réjouissances publiques, des combats de taureaux, et semer l'argent dans les rues, il fut impossible de l'attendrir. Tout cela était de très-mauvais augure, et Joseph, peu de jours après son avènement au trône d'Espagne, se vit obligé de sortir de Madrid où grondait l'émeute, et se réfugia à Vittoria.

Dans le même temps, l'Andalousie et le royaume de Valence étaient en pleine insurrection. Le général Dupont fut attaqué et battu à Baylen; puis il accepta la proposition d'une capitulation honteuse, et nos soldats prisonniers furent jetés pêle-mêle sur les pontons espagnols, où ils subirent les souffrances les plus épouvantables qu'il soit donné à l'homme d'imaginer.

Siége et prise de Saragosse.

(21 février 1809.)

Nos lecteurs se rappellent l'opiniâtre défense et la noble résolution des habitants de Sagonte, dont les femmes aimèrent mieux se donner la mort que de tomber vivantes entre les mains des Carthaginois vainqueurs; eh bien, Saragosse est digne de figurer dans nos souvenirs à côté de l'antique cité que nous venons de nommer; Saragosse est la Sagonte de nos temps modernes. Cette ville n'était fortifiée que d'une muraille de dix pieds de hauteur, et n'avait

point de garnison; mais, lorsque les
capitaines français vinrent l'assiéger, tous les citoyens devinrent soldats. Le crucifix en main, les prêtres
firent un appel aux armes, et don
Joseph Palafox fut élu capitaine-
général.

Ce fut le 15 juin 1808 que huit
mille hommes de l'armée française
essàyèrent de se rendre maîtres de la
ville, mais leur tentative n'eut aucun résultat favorable. Alors ils re-
noncèrent à faire jouer le canon de
bataille et braquèrent sur Saragosse
46 pièces de siége. La nouvelle attaque eut lieu le 27 juin, et les assiégeants s'emparèrent du Mout-Torrero,

qui est un faubourg de la ville. Le
colonel de génie Lacoste dirigeait les
travaux du siége, et fit attaquer, le
4 août dans la matinée, le couvent de Santa-Ingracia. Les assiégés
répondirent par un feu nourri et
firent preuve d'une fermeté iné-
branlable ; mais les murailles du couvent ne purent tenir contre l'artillerie française, et il ne tarda pas à
tomber au pouvoir de nos soldats.
En ce moment, le général Lefebvre,
se voyant maître de l'entrée de Saragosse, s'imagina que les habitants
accepteraient des offres de concilia-
tion, et il proclama sa victoire et ses
intentions par ces paroles : « Santa-

Ingracia, capitulation ! » Les assiégés répondirent d'une façon tout
aussi brève : « Saragosse ! guerre
au couteau ! ... » A cette réponse,
les Français tombèrent sur la ville,
et l'on vit s'engager la lutte la plus
horrible qui se soit vue de nos jours.
Chaque maison devint une forteresse
qu'il fallait abattre pour avancer
dans les rues. Les assiégés se batti-
rent en désespérés : l'eau bouillante,
les meubles brisés, les pierres des
cheminées, les tuiles des toits, tombèrent sans relâche et mutilèrent nos
soldats. Ce ne fut qu'après des ef-
forts inouis et une fermeté opiniâtre
que les Français vinrent à bout de

s'emparer d'une partie de la ville, et ils marchaient encore en avant quand Joseph, qui était toujours à Vittoria, envoya l'ordre de suspendre les hostilités.

Lorsque Napoléon eut obtenu la soumission de Madrid et replacé son frère Joseph sur le trône, le siége de Saragosse fut repris. Les assiégeants n'éprouvèrent pas moins de résistance qu'aux premiers jours de l'attaque, et retrouvèrent chez les habitants de cette glorieuse cité une persévérance qui ne se ralentit pas un instant. Mais enfin, Saragosse dut se rendre au duc de Montébello (Lannes) le 21 février 1809. La peste

et la mitraille avaient donné la mort
à ses braves défenseurs ! !.. On n'y
retrouva plus que des ruines et des
cadavres ! ...

Suite des Conquêtes.

Pendant les années 1810 et 1811
les conquêtes de la France allèrent
bon train. Les maréchaux Soult
et Suchet s'emparèrent d'un grand
nombre de villes et refoulèrent la
révolte dans Séville ; mais cette série
de succès continuels n'avait paci-
fié l'Espagne qu'en apparence ; les
villes paraissaient calmes, mais l'insurrection était ailleurs ; des hommes

que dominait l'amour de la patrie
s'étaient retirés dans les montagnes
et avaient juré guerre à mort à l'op-
pression. Réunis en troupes plus ou
moins nombreuses, ils inquiétaient
les Français sans relâche, les atta-
quaient lorsqu'ils se croyaient en
force, et les évitaient dans le cas contraire, sans qu'il fût possible de les
atteindre sur un terrain dont ils con-
naissaient jusqu'aux moindres acci-
dents. Ces bandes étaient comman-
dées par des hommes remplis de
dévouement et d'habileté, parmi lesquels on distinguait Mina dans la
Navarre et l'Aragon ; Porlier dans la
Gallicie ; l'Empecinado, el Médico,

Duran, dans les montagnes de la Castille et de l'Aragon; Santo Childès dans le royaume de Léon; Sanchez, Julian, près de Salamanque; le baron d'Eroles et Rovirac dans les montagnes de la Catalogne et de l'Aragon; Castanos dans celles de Ronda et de Murcie.

Le maréchal Soult comprit fort bien que la guerre de partisans faite à notre armée par ces bandes ou *Guérillas*, était grandement à redouter; aussi voulut-il intimider ces dangereux ennemis en menaçant de la peine de mort quiconque serait pris les armes à la main. La menace ne produisit pas l'effet que le maréchal en attendait.

. La junte suprême s'était retirée
à Cadix, sous la protection des vingt
mille hommes du général Graham.
Le maréchal Victor y fut envoyé
avec ordre d'assiéger cette ville et
d'en chasser les Anglais : « Qu'importe, disait Napoléon, que ce soit
Joseph ou Ferdinand qui règne,
pourvu que l'Angleterre disparaisse
de la Péninsule. »

Années 1812 et 1813.

L'Angleterre, qui, dans les con-
jonctures difficiles, trouve toujours
moyen de se tirer d'embarras, tra-
vailla secrètement à faire éclater la

guerre entre la France et la Russie,
persuadée qu'en pareille circonstance, Napoléon serait obligé d'a-
bandonner la Péninsule afin de
pouvoir se mesurer avec le colosse
russe, ce qui n'exigeait rien moins
que la réunion de toutes ses forces.

L'Angleterre ne tarda pas à atteindre son but. Napoléon voyant les
nombreuses recrues que levait la
Russie, fit appeler sous sa bannière
cent vingt mille conscrits pour la
campagne de 1812.

En 1813, Wellington marcha sur
Madrid avec soixante-dix mille hom-
mes, et mit en fuite ce pauvre roi
Joseph qui était déjà assez malheu-

reux de porter une couronne contre
son gré. On lui conseille de se retirer
à Saragosse, mais il refuse obsti-
nément; et las de battre en retraite, il
veut cette fois essayer d'une bataille.
Cette bataille fut livrée à Vittoria le
21 juin 1813. Joseph fut battu, et le
maréchal Soult, Clausel, Foy et
Drouet d'Erlon ne purent réussir à
relever sa couronne.

Sur ces entrefaites, Napoléon voulut rendre le sceptre d'Espagne au
prisonnier de Valencay (Ferdinand VII), afin de s'assurer d'un
allié au milieu de sa triste situation;
et dans une lettre qu'il lui écrivit à
ce sujet, il dit : « Que l'état de son

empire et sa situation politique l'engagent à régler définitivement les affaires d'Espagne. Il ajoute que les Anglais excitent à l'anarchie et au Jacobinisme, qu'ils veulent renverser la couronne et la noblesse afin d'établir une république. » Ensuite, après avoir entretenu Ferdinand de l'intérêt que lui inspire l'Espagne et du désir qu'il a de renouer les anciennes relations amicales entre la France et la Péninsule, il termine ainsi : « C'est pourquoi, je vous prie d'écouter les propositions que vous fera en mon nom le comte de la Forest. »

Ferdinand que l'exil avait mûri

et qui comprenait la position peu ras-
surante où se trouvait la France, ne
voulut point traiter avant d'avoir
consulté la régence d'Espagne. Napoléon y consentit sans détours; et,
le 11 octobre 1813, un traité fut
conclu entre le duc de San-Carlos
pour Ferdinand et le comte de la
Forest pour l'Empereur.

Par ce traité, Napoléon reconnaissait Ferdinand comme roi d'Espagne et des Indes; Ferdinand con-
sentait à ce que les Anglais sortis-
sent de la Péninsule; enfin, les deux
gouvernements s'engageaient à re-
placer leurs relations sur le pied
établi par le traité de Dunkerque,

que l'on avait maintenu jusqu'en
1772. Mais la régence, avant de ra-
tifier le traité, exigea que le roi fût
mis en liberté. Napoléon se soumit
à cette condition imposée par la régence, et le roi rentra en Espagne
au mois de mars 1814.

Telle fut la fin de cette guerre
malheureuse qui ne put faire triom-
pher l'injustice de l'Empereur et
coûta à la France un grand nombre de ses enfants.

Ferdinand occupait à peine son
trône qu'il renversa la constitution
établie par les Cortès de Cadix. Alors
Mina, qui certes avait bien mérité de
la patrie, quitta la cour et se rendit

à Pampelune pour y proclamer cette
constitution que venait d'abolir Ferdinand.

Mina.

Mina s'est fait une si grande célé-
brité que nous ne pouvons nous dis-
penser d'en dire quelques mots en
passant :

Vers la fin de l'année 1809, dit
M. Viardot, un étudiant de l'uni-
versité de Saragosse, qui n'avait pas
encore atteint sa vingtième année,
étant revenu chez ses parents, la-
boureurs au village d'Idocin, en
Navarre, y forma, avec une dou-
zaine de camarades, une *Guérilla*

que d'heureuses entreprises eurent
bientôt grossie et rendue formidable; cet étudiant était Francisco-Xa-
vier Mina, celui que les Espagnols
appellent *Mina el Mozo*. Parmi ses
soldats se trouvait son oncle Fran-
cisco Espoz y Mina, laboureur du
même village d'Idocin, et plus âgé
que lui de huit ans. Incommodés par
le voisinage de cette *Guérilla*, les
Français de l'Aragon et de la Navarre
se mirent vivement à sa poursuite,
et Mina le jeune tomba aux mains
d'un de leurs détachements, le 31
mars 1810. Enfermé au château de
Vincennes jusqu'en 1814, il alla
périr, en 1819, dans une aventu-

reuse expédition tentée pour soulever
le Mexique contre Ferdinand VII.
Comme la *Guérilla* qu'il laissait sans
chef avait porté son nom, ses camarades eurent l'idée d'élever son oncle
au commandement nominal, en donnant le commandement effectif au
capitaine en second, Antonio Curu-
chaga. Mina prouva bientôt qu'il
pouvait réunir les deux autorités, et,
pendant quatre années de cette guerre
sans relâche, mille traits d'adresse
et de courage lui donnèrent la plus
puissante *Guérilla* de l'Espagne, et
la réputation du meilleur chef de
partisans.

Tout le temps que dura la guerre

entre la nation espagnole et Napoléon, Mina ne cessa de se battre
pour le salut de sa patrie, et il blo-
quait Saint-Jean-Pied-de-Port, en
France, lorsque la paix suivit l'invasion. Les Français mirent souvent
à prix la tête de Mina, mais ils ne
purent jamais se saisir de sa personne, car il n'y avait pas un coin
de terre, pas un sentier dans les
montagnes, pas une ruse, un arti-
fice, qui lui fussent inconnus.

Après avoir proclamé la constitution de 1812 à Pampelune, Mina
fut obligé de fuir. Il vint en France
où Louis XVIII ne lui refusa point
un asile. Au retour de l'île d'Elbe

Mina alla rejoindre le roi de France
à Gand, et fit sa rentrée à Paris après
la bataille de Waterloo, à laquelle
il ne prit du reste aucune part.
M. Decazes le fit arrêter au mois
d'avril 1816, en l'accusant de complot contre la branche des Bourbons.
Mais aussitôt, lord Wellington intercéda pour lui auprès du gouvernement français, qui le fit mettre
en liberté après deux mois d'em-
prisonnement.

En 1820, lorsque les constitu-
tionnels espagnols tentèrent une insurrection générale, Mina eut l'a-
dresse de se soustraire à l'active
surveillance de la police française, et

fut employé par les révolutionnaires comme capitaine-général de la Galice. Obligé de fuir en Angleterre après la pacification de l'Espagne par l'armée française, il ne revint en France qu'après la révolution de juillet; il fit alors une descente en Espagne avec une poignée de Français qui, faute d'argent et d'habits, ne purent long-temps suivre leur chef.

Mina fut rappelé par le gouvernement de Christine, qui lui confia le commandement en chef d'une armée; mais Mina était vieux, et il eût bien mieux fait de rester en France, que d'accepter un emploi

qui ne servit qu'à mettre au grand
jour son impuissance. Il mourut le
31 décembre 1836.

Mina était d'un caractère dur et
il ménageait assez rarement les vain-
cus ; cependant nous devons signaler
ici un trait de générosité qui lui
valut la reconnaissance de son illustre rival Zulmalacarreguy : en arrivant à Pampelune, dans ces derniers
temps, Mina y trouva une jeune
fille du général carliste, que l'on
avait surprise dans un village voisin,
et que l'on retenait pour otage. Mina
la renvoya de suite à son père, et le
brave Zumalacarreguy l'en fit re-
mercier par un de ses frères.

On rapporte que Mina, étant un jour à Barcelonne, entendit des maçons le blamer de ce qu'il n'agissait pas avec énergie contre les troupes de don Carlos. Alors il fit enlever le soir tous les outils de ces maçons, et lorsqu'il leur ordonna, le lendemain, de venir achever une muraille, ceux-ci lui répondirent qu'ils ne pouvaient pas travailler sans truelles et sans équerres. — Achétez-en, répliqua Mina. — Mais nous sommes sans argent. — Eh bien! je suis comme vous, messieurs les politiques; je n'ai ni truelles, ni équerres, ni argent; je ne puis non plus travailler.

L'Espagne depuis 1820,
Jusqu'à nos jours.

En 1820 une insurrection éclata
dans l'île Léon et se communiqua
rapidement dans toute la Péninsule.
Les révoltés étaient soutenus par
un grand nombre de Français qui
avaient quitté leur patrie après 1815.
La constitution de 1812 était l'objet de leurs désirs, et Ferdinand VII
ne tarda pas à être retenu captif
dans son palais. Lorsque les soldats
de la Foi eurent été massacrés par
Mina qui emporta d'assaut la place
de Castelfollit, on résolut d'envoyer

en Espagne une armée de cent mille Français sous les ordres du duc d'Angoulême, généralissime, du maréchal Oudinot, duc de Reggio, du maréchal Moncey, duc de Conégliano, et de plusieurs généraux célèbres.

L'armée française envahit la Péninsule dans les premiers jours du mois d'avril 1823, et les Espagnols ne tardèrent pas à être battus à Saint-Sébastien par le premier corps d'armée, commandé par Oudinot. Ensuite les portes de presque toutes les villes s'ouvrirent sans résistance devant nos troupes, et l'affaire la plus chaude est sans contredit celle du Trocadero devant Cadix. Le siége de cette forteresse s'opéra sous les yeux du duc d'Angoulême; elle fut enlevée le 31 du mois d'août.

Pendant la captivité du roi Ferdinand, un conseil de régence s'était formé à Madrid, et se composait du duc de l'Infantado, président, du duc de Montemar, de Juan, évêque d'Osma, et de Caldéron.

Les Français ne sortirent de la Péninsule qu'après avoir replacé Ferdinand VII sur le trône. Ce roi mourut en 1832, sans laisser d'enfants mâles, et laissant par testament, suivant l'ancien droit espagnol, ses droits politiques à sa fille, l'infante Marie-Isabelle Louise, née, le 10 octobre 1830, de sa dernière femme (Christine, fille du roi des Deux-Siciles). Don Carlos, frère du roi défunt, ayant revendiqué ses droits au trône d'Espagne, il en est résulté une guerre civile, qui dure depuis tantôt cinq années. Don Carlos est vigoureusement soutenu par les paysans montagnards et par les religieux dont les biens ont été pour la plupart vendus au profit de la nation. La reine avait d'abord tout l'avantage; outre une armée assez bien organisée, elle a eu à sa disposition quelques mille hommes

de la légion étrangère fournis par
le gouvernement français, mais l'in-
habileté ou la trahison de ses généraux l'ont perdue. Don Carlos,
de son côté, a vu sortir de ses rangs
des généraux expérimentés, et entr'autres le fameux Zumalacarreguy,
qui n'a eu de rival en Espagne
que Mina. L'armée du prétendant,
à laquelle les cours du nord prêtent
secrètement leur appui, s'est constamment grossie, et de faible qu'elle
était d'abord, elle est devenue grandement redoutable. Nous ne savons
quand se terminera cette lente et
sanglante lutte, et jusqu'à quand la
nation souffrira de cette rivalité

entre un prince qui proclame ses droits à la couronne et une reine qui ne veut pas la lâcher.

FIN.

BAR-SUR-SEINE. — Imp. de SAILLARD.

www.ingramcontent.com/pod-product-compliance
Lightning Source LLC
Chambersburg PA
CBHW070410090426
42733CB00009B/1614